나만의 설교를 만드는
글쓰기 특강

나만의 설교를 만드는

글쓰기 특강

초판 인쇄 2021년 3월 16일
초판 발행 2021년 3월 23일

발 행 인 김은호
글 쓴 이 김도인
발 행 처 도서출판 꿈미
등 록 제2014-000035호(2014년 7월 18일)
주 소 서울시 강동구 양재대로81길 39, 202호
전 화 02-6413-4896
팩 스 02-470-1397
홈 페 이 지 http://www.coommi.org
쇼 핑 몰 http://www.coommimall.com

ISBN 979-11-90862-21-9 03230

도서출판 꿈미는 가정과 교회가 연합하여 다음 세대를 일으키는 대안적 크리스천 교육기관인 사단법인 꿈이 있는 미래의 사역을 돕기 위해 월간지와 교재, 각종 도서를 출간합니다.

나만의 설교를 만드는

글쓰기 특강

김도인
지음

꿈미²개
있는

글을 제일 많이 쓰는 사람 중 하나가 설교자다. 설교자는 설교를 위해서 매일 글을 쓴다. 문제는 글을 매일 쓰면서도 글쓰기의 중요성을 모르는 설교자가 많다는 것이다. 김도인 목사는 『설교는 글쓰기다』에서 설교 글쓰기의 중요성을 강조했다. 그리고 이번에 『나만의 설교를 만드는 글쓰기 특강』을 세상에 내놓았다. 앞선 책이 설교 글쓰기의 이론서라면 이 책은 설교 글쓰기의 실용서라고 할 수 있다. 이 책에서 김도인 목사는 설교 글쓰기를 어떻게 해야 하는지 실제적이면서도 구체적으로 이야기한다. 또한 자신이 직접 쓴 글들을 예시로 들어 설교자가 설교 글쓰기를 어떻게 해야 하는지에 대한 감을 잡게 해준다. 설교는 말이 먼저가 아니라 글이 먼저다. 설교 글쓰기가 제대로 되지 않으면 제대로 된 설교를 할 수 없다. 설교 글쓰기를 잘하고 싶은가? 이 책에 담긴 설교 글쓰기의 생수를 마시길 추천한다.

_이재영 대구 아름다운교회 담임목사, 『희망도 습관이다』, 『감사 인생』의 저자

목회자들의 고민은 동일하다. 바로 설교다. 목회자들은 설교가 목회에서 중요하다는 것을 잘 알지만 막상 설교 글을 작성하려면 쉽게 쓰지 못한다. 글쓰기 습관이 오롯이 되어 있지 않기 때문이다. 글을 읽고 쓰는 연습이 훈련되어 있지 않으면 좋은 설교 메시지를 만들어 낼 수 없다. 목회자들의 고민을 깊이 알고 있는 저자는 현장에서 충분히 사용 가능한 구체적인 방법을 친절하게 알려 준다. 누구나 거부감 없이 간결하고 이해하기 쉽도록 적용 사례들을 들어 글쓰기의 두려움에서 벗어나도록 돕는다. 이 책은 설교 글쓰기에 목마른

자들을 위한 안내서와 같다. 지금도 목회 현장에서 분투하며 자신만의 서재에서 설교 글을 쓰기 위해 밤낮으로 애쓰고 고민하는 많은 목회자에게 갈증을 해소해 줄 단비가 될 것이다. 설교 글쓰기가 두려운 분들, 설교를 이제 준비하는 신학생과 설교로 고민하고 있는 목회자, 설교를 통해 보다 성장하기를 원하는 분들에게 필독을 권한다.

_김연희 공주영명중·고등학교 교목실장

알다가도 모를 것이 설교이다. 열심히 준비했지만 미지근한 반응에 풀이 죽기도 한다. 하지만 이 책을 읽으면 달라질 것이다. 이 책은 나름 글쓰기의 프로라고 자부하던 나에게도 많은 가르침을 주었다. 페이지마다 가려운 등을 긁어주는 글로 가득하다. '아, 맞아', '아, 그렇지', '아, 그렇구나' 감탄사를 연발하며 푹 빠져 정신없이 읽었다. 이 책은 잘 들리는 설교를 어떻게 준비하고 쓸 수 있는지에 대한 완벽한 매뉴얼을 제공한다. 이 조언을 차근차근 읽고 익힌다면 설렌 마음으로 설교를 준비하는 설교자이자 작가로 변신하게 될 것이다.

_이정일 『문학은 어떻게 신앙을 더 깊게 만드는가』 저자

설교자가 100% 자신의 글로 설교를 준비한다는 것은 쉽지 않다. 글을 작성하는 체계적인 학습을 받아 본 적이 없기 때문이다. 무엇을 써야 할지, 어떻게 써야 할지, 이렇게 해도 될지 막연하고 막막할 뿐이다. 이때 글쓰기를 가르쳐 줄 좋은 선생님이 있으면 좋겠다는 생각이 들 것이다. 저자는 이 책에서 다음과 같이 이야기한다. "내 목회의 분기점은 카피 설교를 그만두고 내가 쓴 글로 설교할 때였다." 남의 글, 남의 영성이 아닌 설교자의 지성과 영성을 자유롭고 자신감 있게 자신의 글로 준비하는 것은 정말 멋진 일이다. 이 책은 설교 글쓰기가 막막한 사람에게 구체적이고 체계적인 방향을 제시하고, 자신의 설교를 한 단계 도약시키고자 하는 사람들에게는 실제적인 가이드가 될 것이다. 세상은 지금 유튜브, 넷플릭스 같은 영상 미디어에 집중하고 있다. 이 책을 통해 이런 재미있는 세상조차도 압도하는 실력 있는 설교자가 세계 곳곳에 세워지길 꿈꾼다.

_김지겸 뉴질랜드 오클랜드감리교회 담임목사

차례

I. 설교 글쓰기의 7단계

II. 성경 저자들의 글쓰기

Ⅲ. 설교 글쓰기의 선행 조건

Ⅳ. 좋은 글은 행복한 목회를 이끈다

글쓰기에는 양면이 있다. 최고의 노동력을 요하는 반면 최고의 행복감을 선사한다. 모두가 꼭 글을 써야 할까? 그렇지는 않다. 하지만 그가 리더라면 문제는 다르다. 영적 리더인 설교자는 글쓰기를 해야 한다. 그 이유는 청중에게 설교가 '들려야' 하기 때문이다. 설교는 잘 들리는 것이 중요하다. 그런 의미에서 설교자가 글쓰기를 해야 하는 이유는 청중에 대한 존중에서 시작된다.

설교자는 쌍방, 즉 하나님과 청중을 존중해야 하는 사람이다. 일부 설교자들은 설교 내용이 성경적이면 그것으로 충분하다고 생각한다. 하지만 이는 하나님에 대한 존중만 강조하는 것이다. '하나님의 말씀을 잘 들리는 말로 전하는 것'이 설교자의 책임이다.

청중을 존중한다는 것은 나아가 세상을 존중한다는 말이다. 설교는 복음 전파의 도구이다. 예수님은 하나님을 존중하셨다. 또한 자신을 따르는 무리를 존중하셨다. 이에 그치지 않고 세상 사람들을 존중하셨다. 이를 잘 보여 주는 것이 성경이다. 복음서와 서신서가 없었다면 복음은 이곳 한반도까지 올 수 없었다. 설교자가 교회 안에 있는 청중을 넘어 온 세상에 대한 존중과 애정을 가져야 하는 이유가 여기에 있다.

설교자가 청중과 세상을 존중하는 설교를 하기 위해서는 설교 글을 쓸 줄 알아야 한다. 설교자는 남의 글이 아니라 자기 글로 설교해야 한다. 남의 글을 읽는 설교는 청중을 존중하기는커녕 무시하는 것이다. 그런 설교는 청중에게 존중받을 수도 감동을 줄 수도 없다.

작년 6월에 내가 섬기는 아트설교연구원 회원들을 대상으로 논증 세미나를 했다. 이전까지는 설교자의 논증법을 다뤘지만, 그 때는 처음으로 설교자와 일반 작가의 논증법을 다루었다. 이 시간을 통해 일반 작가에 비해 설교자가 청중에 대한 존중과 논증이 상대적으로 약하다는 것을 알게 되었다.

외국인 최초로 한국 시리즈 리그에서 우승하고 한일韓日 프로

야구를 모두 제패한 SK 와이번스의 감독 트레이 힐만_{Trey Hillman} 감독이 밝힌 우승 비결은 '존중'이었다. 2018년 11월 16일 「국민일보」에 실린 기사에 따르면 그는 이렇게 말했다.

"선수를 변화시키려면 먼저 선수를 존중해야 (한다)."

감독이 선수를 존중하니 선수들 역시 감독을 존중했다. 힐만 감독의 재임 시절, 선수들이 자주 한 말이 있다.

"힐만 감독이 있을 때 선수로 뛰어 감사하다."

관계에는 상호 존중이 필요하다. 서로 존중하면 시너지 효과가 난다. 그렇기 때문에 설교자는 청중이 존중받고 있다는 마음이 들게 하는 설교를 해야 한다.

청중을 존중하는 설교 글을 쓰기 위한 세 가지 선결 요건은 다음과 같다.

첫째, 쉬워야 한다_{easy}.
둘째, 의미가 있어야 한다_{meaningful}.
셋째, 청중의 눈높이에 맞아야 한다_{eye-level}.

즉 쉬운 설교로 감동과 교훈을 눈높이에 맞게 전달하는 것이 청중을 존중하는 설교 글의 기본이다. 이 세 가지 조건을 하나씩 살펴보자.

첫째, 쉬워야 한다.

이 말은 설교 글이 쉬워야 한다는 뜻이다. 갈수록 글을 쉽게 쓰는 추세이다. 어려운 글은 사람들이 읽지 않기 때문이다. 다산북살롱에서 주최한 "편집장과 함께 책 쓰기" 강연에서 박은정 총괄실장은 이렇게 말했다.

"요즘 20대가 읽을 수 있는 책을 출간하려면 고등학생 수준으로 쉬운 글을 써야 한다."

우리나라를 대표하는 설교자들의 설교에는 공통점이 있다. 쉽다는 것이다. 특히 이찬수, 조정민, 이규현, 유기성, 한홍 목사 등은 쉬운 글로 설교한다. 시대가 변할수록 사람들이 어려운 글은 읽으려 하지 않는다. 어려운 설교는 듣지 않는다. 글을 점점 읽지 않는 시대에 사람들이 읽고 듣게 하려면 쉽게 전달해야 한다.

둘째, 내용에 의미가 있어야 한다.

설교에는 정확한 메시지가 있어야 한다. 이제는 변화된 삶을 살고 싶다고 느끼도록 뜨거운 감동을 던져 주어야 한다. 세상에서 하나님의 영적 가치를 드러내는 것을 최고로 알도록 일깨워야 한다.

미국의 많은 그리스도인이 교회를 떠나고 있다. 미국의 작가인 레이첼 헬드 에반스Rachel Held Evans는 자신의 책『교회를 찾아서』비아, 2018에서 미국 기독교의 심각한 현실을 고발했다. 이 책에 따르면 기독교 가정에서 태어난 18-29세 청년 가운데 59퍼센트는 더는 교회에 다니지 않는다. 2000년을 기점으로 성년이 된 세대 중 25퍼센트는 자신이 어떤 종교에도 속하지 않는다고 말한다. 미국의 한 언론은 청년 800만여 명이 서른 살 이전에 교회를 떠날 것으로 예상한다고 발표했다.

한국의 현실도 이와 다르지 않다. 모태신앙이지만 이제는 교회에 출석하지 않는 '가나안 교인'이 급증하고 있으며, 몇 년 전까지 천만 명이라고 떠들썩하게 발표했던 기독교인의 수가 이제는 850만 명으로 줄었다는 말까지 들린다. 그 이유는 같은 책에서 언급된 브라운 테일러Barbara Brown Taylor의 말처럼, 교회가 성도들에게 주는 것이 '의미'가 아니라 하나님에 관한 '정보'이기 때문이다. 이어지는 그의 말은 의미심장하다.

"성도는 하나님을 자신들의 몸으로 삼고 싶어 한다. 성도는 하나님을 더 많이 알기 원한다. 그 하나님이 자신들의 삶에 큰 의미가 되기 때문이다."

의미를 원하는 성도들에게 교회는 정보를 주고 있다는 작가의 지적은 한국 교회가 깊이 반성해 보아야 할 지점이다.

많은 목회자가 목회를 힘들어하는 주된 이유 중 하나가 설교이다. 설교를 준비하고 설교하는 것 자체도 힘들지만, 설교에 대한 교인들의 불만족 혹은 무반응이 설교자로서의 목회자를 힘들게 한다. 청중이 그림을 보는 것처럼 그림 언어로 설교를 잘 전달하는 것은 결코 쉬운 일이 아니다.

설교는 말하기다. 하지만 말하기 이전에 글쓰기다. 글을 바탕으로 말해야 하기 때문이다. 글을 쓰는 작업은 대단히 어렵다. 뿐만 아니라 설교는 본문을 정하기에서 시작해 설교 글을 탈고하고 강단에서 설교할 때까지 진을 짜내는 일련의 노동 과정이다.

설교로 고통스러워하다 목회를 일찍 그만두는 목회자를 심심치 않게 본다. 최근에는 친구 목사 한 명이 SNS에 자신이 쓴 설교 글을 올리고는 자신의 설교가 좋지 않아서 목회를 그만두어야 할지 심각하게 고민하고 있다는 글을 게시했다.

많은 한국 교회 설교자가 롤 모델로 꼽는 옥한흠 목사도 설교 때문에 적지 않게 고민했다고 한다. 이찬수 목사는 자신의 설교집 『아는 것보다 사는 것이 중요하다』규장, 2018에서 옥한흠 목사가 생전에 이런 말을 했다고 전한다.

"목회가 말이야, 설교만 없다면 진짜 해 볼 만한데!"

목회는 어렵다. 목회가 어려운 것은 설교가 어렵기 때문이다. 설교가 어려운 것은 설교 글쓰기가 어렵기 때문이다.

나는 감히 말한다.

"세상에서 가장 힘든 것이 설교이다."

학교 선생님은 작년에 가르친 내용을 바탕으로 가르친다. 교수의 강의도 작년과 별반 다르지 않다. 하지만 설교는 그렇지 않다. 매주 바꿔야 한다. 할 때마다 바꿔야 한다. 내용만 다른 것으로는 부족하다. 청중에게 새로운 교훈과 의미를 주어야 한다. 그 새로움을 글로 표현하고 말로 제대로 전달해야 한다.

셋째, 청중의 눈높이에 맞아야 한다.

설교는 눈높이 맞추기다. 청중의 눈높이에 맞지 않으면 그들은 고개를 땅으로 떨어뜨리고 만다. 설교자는 성경을 바르게 해석하는 것은 물론, 이를 청중의 수준에 맞게 전달해야 한다. 즉 청중이 설교를 쉽게 이해하도록 해야 한다.

일본 교토로 여행을 간 적이 있다. 일일승차권을 사서 버스를 타고 다녔는데, 버스를 기다리면서 신기한 장면을 목격했다. 정류장에 정차한 버스가 문을 열면서 승객 쪽으로 차체를 낮추는 것이 아닌가. 승객이 편하게 버스에 올라타도록 배려한 것이다. 승객이 버스에 올라탄 뒤에는 버스 문이 닫히고 차체가 원래 높이대로 돌아갔다. 승객의 눈높이에 맞추는 배려가 매우 인상적이었다.

나는 『설교는 글쓰기다』, 『설교를 통해 배운다』이상 CLC에서 '말이 되는 설교'를 강조했다. 설교가 말이 되려면 우선 글이 논리적이어야 한다. 즉, 설교자는 논리적인 설교 글을 쓸 수 있어야 한다. 그 설교가 어떤 설교인지 결정하는 첫 번째 요소는 바로 '그 설교가 말이 되는가'이다.

실제로 말이 되는 설교를 하는 설교자가 그리 많지 않다. 그러면서도 자신이 말이 안 되는 설교를 하고 있는 줄은 모른다. 이것이 설교자가 설교 글쓰기를 반드시 배워야 하는 이유이다.

설교자들이 종종 하는 말이 있다.

"목사님처럼 논리가 있는 글을 쓰고 싶어요."

나 역시 과거에는 논리 없이 설교했다. 그러면서도 스스로 설교를 잘 한다고 착각했다. 어느 순간 나의 설교에 대해 제대로 깨달은 후 논리가 있는 설교, 말이 되는 설교를 하고 싶었지만 쉽지 않았다. 논리 정연하게 설교하려면 먼저 논리적으로 글을 써야 한다. 논리에 맞는 글 없이 해석 중심으로만 하는 설교는 핵심도 없고 두서도 없다.

설교자들은 이렇게 묻는다.

"기존에 해 오던 대로 성경을 바르게 해석하기만 하면 되는 것 아닌가?"

그렇지 않다. 논증을 중심으로 말이 되는 설교를 해야 한다.

특히 1990년생의 대학 입학률이 80퍼센트가 넘는 우리나라에서는 더욱 그렇다.

어떤 목회자는 아래와 같은 질문도 한다.

"영성으로만 설교하면 되는 것 아닌가?"

이 역시 안 된다. 하나님께 영감을 받아서 설교한다는 것은 어쩌면 영적 '휴브리스'hubris일 수 있다. 어릴 적 기도원에 가면 원장들이 설교를 하나님께 직접 받아서 한다는 말을 종종 들었다. 그때는 그것이 영적으로 위대하다고 생각했다. 하지만 지금은 영적 교만이라고 생각한다.

휴브리스는 '오만'을 뜻한다. 또한 그리스 신화에서 자신의 성과에 취한 나머지 신과 갈등하다 몰락하는 주인공의 특성을 나타내는 말이기도 하다. 영성만으로 설교하겠다는 태도는 설교를 위한 피나는 노력을 통해 '들리는 글쓰기'를 해야 하는 당위성을 무시하는 영적 오만의 증거에 불과하다.

나는 신학을 공부한 지 30년이 넘었다. 하지만 설교는 30년 전과 달라진 게 없는 것 같다. 세상은 상상할 수 없을 만큼 빠르게 바뀌고 있다. 바뀐 시대라는 말은 바뀐 사람으로 넘쳐난다는 말이다. 불과 인구의 30퍼센트 전후만이 대학에 입학하던 30년 전과 80퍼센트 이상이 대학을 졸업하는 지금은 설교에 대한 생각이 달라야 한다.

기존의 방식과 전통이 중요할 때도 있다. 하지만 변화의 시대에는 변화의 흐름을 읽어야 한다. 기존의 방식만을 고수하면 뒤처질 뿐 아니라 실패하기 쉽다. 이를 잘 보여 준 사람이 프랑스 출신의 외교관 페르디낭 레셉스Ferdinand Lesseps이다.

　그는 1859년부터 1869년까지 10년간의 대역사를 통해 홍해와 지중해를 관통하는 수에즈 운하를 건설했다. 결과는 성공적이었고 그는 영웅으로 추앙받았다. 그러나 그 후 맡게 된 파나마 운하 건설에서는 철저히 실패했다. 수에즈와 파나마의 차이를 무시하고 모든 공사를 수에즈 식으로 진행했기 때문이다. 천문학적인 비용이 들었을 뿐 아니라 수많은 사람이 이 일로 인해 희생되었다. 결국 공사는 1889년에 중단되고 회사는 문을 닫았다. 레셉스는 신기술 공법의 도입을 거부했다. 자신이 이룩한 성공 방정식의 수정을 거부한 결과, 하루아침에 모든 명성을 잃고 추락했다.

　우리는 미국 컴퓨터 장비 업체인 휴렛팩커드HP의 전 회장 루이스 플랫Lewis Platt이 한 말을 귀담아들어야 한다.

　"과거에 당신을 성공으로 이끌었던 바로 그 비결은 이제 새로운 세계에서는 먹히지 않을 것이다. 새로운 방식을 찾아라."

　한국 교회 역시 마찬가지다. 영적 지형도와 청중의 지적 능력, 물질에서 의미로의 가치 이동, 교회를 바라보는 시선, 설교에 대한 욕구 등 많은 것이 달라졌다. 그렇다면 설교도 기존 방식을 탈피해야 한다. 해석 일변도의 설교에서 설명과 논증, 적용이 있는 글쓰기 방식의 설교로, 말로만 하던 설교에서 직접 쓴 글을 바탕으로 전하는 설교로 바뀌어야 한다.

시대가 바뀌었는데 여전히 옛 방식만 고집하면 교회가 세상의 변방으로 몰릴 수밖에 없다. 코로나바이러스감염증-19로 인해 교회는 세상에서 존중받는 조직이 아니라 코로나 발생의 진원지, 국가 시책에 반하는 집단 등으로 인지되고 있다. 더 이상 그런 모습으로 머물러서는 안 된다. 교회는 세상보다 더 높은 수준과 차원의 조직이어야 한다. 그리고 이는 설교에서도 나타나야 한다. 설교야말로 새롭게 변하는 영상 시대에 더 많은 사람에게 감동과 도전을 전하는 탁월한 콘텐츠가 되어야 한다.

설교가 말 중심에서 글 중심으로 바뀌어야 한다는 시대의 요청에 부응하는 마음으로 이 책을 썼다. 이 책은 설교자들에게 큰 반응을 얻은『설교는 글쓰기다』를 좀 더 구체적으로 확장한 것이다.

『설교는 글쓰기다』에서는 '설교문의 중요성'과 '들리는 설교를 어떻게 해야 하는가'에 대해 썼다면, 이 책에서는 구체적으로 '설교를 위한 글쓰기 방법'에 대해 썼다.

이 책을 통해 설교자들이 글쓰기의 중요성을 알고, 글을 통해 설교하기로 결단하기를, 나아가 한국 교회에 설교 글쓰기의 붐이 일어나기를 기대한다.

이 책을 쓸 수 있도록 도와준 아트설교연구원 회원들과 아내와 아들에게 감사의 말을 전한다.

2021년

김도인 목사

I.
설교 글쓰기의 7단계

질문에 답하라

'무엇을', '어떻게', '왜', '그래서 하고 싶은 말이 무엇인가'

글쓰기 육하원칙은 '누가'who, '언제'when, '어디서'where, '무엇
을'what, '어떻게'how, '왜'why를 이르는 말로, 보도문이나 기사문
을 쓸 때 지켜야 할 여섯 가지 원칙이다. 이 규칙에 따라 글을
쓰면 좀 더 정확하고 자세하게 쓸 수 있을 뿐만 아니라 읽는 사
람들이 이해하기도 쉽다.

　설교 글을 쓸 때도 마찬가지다. 여섯 가지 모두를 질문할 필요
는 없다. 그 중 네 가지를 사용하면 된다. 무엇을목적, 어떻게방법,
왜이유, 그리고 하나 더해서 그래서 하고 싶은 말이 무엇인가so what
이다.

그럼 이 네 가지를 각각 어떻게 사용하는가?

설교에서 가장 중요한 두 가지는 제목과 본문이다. 따라서 제목에 질문하는 방법과 본문에 질문하는 방법이 있다. 여기서는 '제목에 질문하기'를 살펴보자.

먼저 제목에 '왜', '어떻게', '무엇을', '그래서 하고 싶은 말이 무엇인가'의 순으로 질문한다.

이 네 가지 질문에 대해 답을 도출하는 방법은 아래와 같다.

< 예시 >

제 목	"신앙생활의 주도권은 하나님께 있다"
- 왜 (Why?)	
- 어떻게 (How?)	
- 무엇을 (What?)	
- 그래서 하고 싶은 말이 무엇인가 (So what?)	

첫째, '왜'를 질문하라

'왜?'라는 질문은 설교 글을 쓸 때마다 던져야 한다. 실제로 설교에서 이 질문을 가장 많이 사용한다. 예를 들면 "하나님은 왜 이 말씀을 하셨는가?", "하나님은 왜 이런 방법으로 말씀하셨는가?" 등이다. 설교자는 이 질문을 자주 사용해야 한다. 하나님이 '왜'라고 이유를 묻도록 하신 데에는 그에 합당한 이유가 있기 때문이다.

설교 글을 쓰다 보면, 제목에 대한 설명이나 제목 자체를 좀 더 깊이 풀어내야 할 때가 있다. 이때 '왜'라고 질문을 던지면 합당한 답을 도출할 수 있다.

"신앙생활의 주도권은 하나님께 있다"라고 제목을 정했다고 하자. 그 제목에 '왜'라고 질문하면 아래와 같은 답변이 가능하다. '왜'라는 질문에 답변하면서 설교 글을 써 내려가면 설교를 완성하기가 훨씬 쉽다. 아래의 글을 보라.

> 제목: 신앙생활의 주도권은 하나님께 있다
>
> 질문: 신앙생활의 주도권은 '왜' 하나님께 있는가?
>
> 답변: 하나님이 세상의 주인이시기 때문이다.

인간은 자신이 세상의 주인이라고 우긴다. 특히 과학자들은 인간을 신의 위치에 올려놓으려 한다. 성읍과 탑을 건설하여 그 탑 꼭대기를 하늘에 닿게 한 바벨탑 사건이 실례이다. 당시 사람들은 바벨탑 사건을 통해 자신들이 세상의 주인이라고 확신했다. 그리고 "우리 이름을 내고 온 지면에 흩어짐을 면하자"^{창 11:4}라고 말했다. 하지만 이를 본 하나님은 내려와 살피고 인간의 악함을 판단한 뒤, 언어를 혼잡하게 하여 인류를 온 지면에 흩으셨다. 사람들은 그제야 거대 도시의 건설을 그쳤다.

바벨탑 사건으로 인간이 세상의 주인이라는 주장이 오판임이 드러났다. 하지만 그 후에도 인간들은 자신들에게 주도권이 없다는 것을 인정하지 않았다. 결국 인간의 잘못된 판단은 상황을 더욱 악화시키고 말았다.

인간이 아무리 우겨도 세상의 주인은 하나님이시다. 신앙의 주도권도 인간이 아니라 하나님께 있다. 인간은 하나님의 피조물에 불과하다.

인생은 선택의 순간들로 이어진다. 선택의 순간마다 어떤 판단을 내려야 하는지가 중요하다. 이 땅에서 남는 자가 될지, 흩어지는 자가 될지는 인간의 선택에 따라 결정된다. 매 순간 바른 판단을 내려 바른 선택을 해야 한다. 찰나의 선택이 인생을 좌우하기 때문이다.

지금의 LG전자가 금성 하이테크이던 시절, 텔레비전 광고에 "순간의 선택이 10년을 좌우합니다"라는 카피를 내걸었다. 당시 이 광고는 폭발적인 인기를 끌었고, 한국방송광고대상 제1회 수상작으로 선정되기도 했다.

이 광고 카피처럼 신앙생활도 순간순간 선택을 잘 해야 한다. 선택의 순간에 이성을 따를지 하나님의 말씀을 따를지가 신앙생활은 물론 인생의 성패를 좌우하기 때문이다.

신앙생활을 제대로 하려면 기준이 분명해야 한다. 기준은 '무엇'인지 보다는 '누구'인지가 중요하다. 결국 우리는 삶의 기준을 인간이 아니라 하나님으로 분명히 세워 두어야 한다. 바벨탑 사건과 마찬가지로 인간에게 해답처럼 보이는 기준은 결국 오답으로 밝혀진다. 술술 풀릴 것 같은 일이라고 마냥 좋아하면 안 된다. 하나님을 대적하는 잘못된 선택을 하고 있을지도 모르기 때문이다. 순간의 선택이 옳으려면 인간이 할 일은 하나이다. 창조주이신 하나님께 주도권을 넘겨 드리는 일이다. 하나님께 주도권을 넘겨 드리면 하나님이 우리의 선택에 개입하여 우리 삶을 그분의 선한 방향으로 인도하신다.

우리는 바벨탑을 쌓았던 사람들과 정반대로, 오직 하나님이 나의 주인이시라고 고백해야 한다. 또한 역사의 주인공은 하나님이심을 인정해야 한다. 그럴 때 인생과 신앙생활의 주도권을 하나님께 내어 드릴 수 있다. 우리가 인생과 신앙생활의 주도권을 하나님께 내어 드릴 때, 하나님은 내 삶을 오답이 아니라 정답으로 이끄신다.

• • •

기억할 것이 있다. 질문에는 답변을 꼭 해야 한다. 질문에 대한 답변을 어떤 식으로라도 한 뒤 글을 써 나가야 한다. 질문을 들은 사람들은 언제나 그에 상응하는 답변을 기대하기 때문이다.

둘째, '어떻게'를 질문하라

설교 글에서 '왜'라는 질문 다음으로 사용 빈도가 높은 것이 '어떻게'이다. 설교는 듣는 것에서 끝나지 않고 삶에 적용하는 것으로 이어지기 때문이다.

'왜'라는 질문으로 제목을 심도 있게 다루었다면, 이제는 '어떻게'라는 질문을 하여 설교를 적용 단계로 끌고 가야 한다. 설교가 적용으로 이어질 때, 청중은 말씀과 하나 됨을 느끼고 말씀 안에서 삶을 바라볼 수 있다.

> **제목**: 신앙생활의 주도권은 하나님께 있다
>
> **질문**: 신앙생활의 주도권을 하나님께 내어 드리려면 '어떻게' 해야 하는가?
>
> **답변**: 자신의 정체성을 분명하게 알아야 한다.

인간은 자신이 누구인지 알 때, 무엇을 해야 하는지 알 수 있다. 인간은 하나님 앞에서 죄인이다. 수많은 사람이 자기 영광에 취해 살아가는 이유는 자신이 죄인이라는 정체성을 정확하게 모르기 때문이다. 하지만 그리스도인은 자신이 누구인지 안다. 우리는 모두 하나님 앞에서 죄인이다.

그리스도인이란 자신이 죄인임을 깨달은 사람이다. 그러므로 세상의 지식이 아닌 하나님의 말씀으로 살아간다. 말씀은 내가 누구인지 정확하게 알려 준다. 대표적인 사실이 바로 우리가 원죄의 주인공인 아담과 하와의 후손이라는 것이다.

죄인이 하나님의 말씀 앞으로 나아가는 순간 그 말씀에 부딪힌다. 그러면 비로소 자신이 누구인지 깨닫게 된다. 그리고 회개를 통해 예수 그리스도의 십자가를 믿음으로 받아들이고, 죄인에서 의인으로 거듭난다.

하나님이 의인이 된 우리에게 주신 사명이 있다. 적어도 일주일에 한 번은 하나님께 나아가 예배드리는 것이다. 우리는 주일 예배를 통해 하나님이 내 삶의 왕이심을 고백한다. 예배는 매주 있는 정기 행사가 아니라 그리스도인의 정체성을 확인하는 시간이다.

우리는 예배를 드릴 때마다 내가 누구인지, 누구에게 속한 자인지를 분명히 해야 한다. 내 정체성과 소속을 분명하게 인지하면, 하나님은 삶이 예배가 되는 은혜를 주신다. 그 은혜가 부어지는 순간, 나의 삶을 통해 하나님의 영광이 충만하게 드러난다. 이와 같이 자신의 정체성을 분명히 하고 하나님의 주권을 인정하며 사는 사람이 그리스도인이다.

• • •

셋째, '무엇을'을 질문하라

'무엇을'을 질문하면 설교를 좀 더 구체적으로 적용할 수 있다. 이 질문에 대한 답을 통해 성도들이 삶에서 해야 할 일을 찾을 수 있을 것이다.

제목: 신앙생활의 주도권은 하나님께 있다

질문: 신앙생활의 주도권을 하나님께 드리려면 '무엇을' 해야 하는가?

답변: 나를 자랑하지 않고 하나님을 자랑해야 한다.

예배 시간에 하나님께 드린 것을 내세우지 않아야 한다. 하나님은 예배를 통해 우리가 그분께 나아갈 수 있게 하셨다. 결국 예배란 하나님이 나에게 주신 기회를 통해 하나님의 사랑과 큰 은혜를 자랑하는 시간이다.

그리스도인 중에는 자신이 하나님께 드린 작은 시간, 작은 물질, 작은 정성을 자랑하고 싶어 하는 이들이 있다. 하지만 이는 올바른 신앙인의 자세가 아니다. 우리가 가질 신앙인의 자세는 예배 시간에 한 주간 베푸신 사랑과 풍성하게 받은 은혜들을 하나님께 하나하나 자랑하는 것이다. 마치 자녀가 학교에서 돌아온 후 하루 동안 있었던 일들을 자랑하듯 이야기하는 것같이 말이다. 하나님은 그런 시간을 흐뭇해하시고, 우리를 구원으로 이끄신 것을 기뻐하신다.

행복은 세상 안에 있지 않다. 하나님 안에 있다. 예배 시간에 하나님께 그분의 사랑을 자랑할 때 우리는 진정한 행복을 느낀다. 이 행복을 경험한 우리는 이렇게 고백할 수 있다. "행복은 세상에서 오지 않는다. 진정한 행복은 오직 하나님에게서 온다."

세상을 보라. 얼마나 어지러운가. 사건과 사고, 테러, 전쟁이 끊이질 않는다. 이런 참혹한 일들은 인간이 하나님을 망각한 채 무지하게 자기 자신을 자랑한 결과이다. 진정한 행복이 어디에서 오는지를 아는 우리는 오직 하나님만을 자랑해야 한다. 그러면 절망이 아니라 소망의 삶, 불행이 아니라 행복의 삶을 살게 된다.

• • •

넷째, '그래서 하고 싶은 말이 무엇인가'를 질문하라

마지막으로는 '그래서 하나님이 이 설교에서 하고 싶으신 말씀은 무엇인가?'라고 질문해 보아야 한다.

주도권은 그저 힘을 조금 더 갖거나 덜 갖는 문제로 그치지 않는다. 인생의 전반적인 문제로까지 확대된다.

인생에는 '복이 되는 인생'과 '화가 되는 인생'이 있다. 인생의 주도권을 내가 잡는 순간 우리 인생은 화가 된다. 인간은 죄악으로 가득하기 때문이다. 하지만 하나님께 주도권을 넘기면 복이 되는 인생을 살 수 있다.

신앙생활도 마찬가지다. 신앙생활을 내 힘과 뜻대로 하려고 하면 원하던 복이 아니라 화가 온다. 내 힘과 뜻을 내려놓고 오직 하나님의 은혜에 모든 것을 맡겨야 한다. 그럴 때에 내가 원하는 것을 넘어서 하나님이 주시는 하늘의 복과 땅의 복을 받을 수 있다.

신앙생활은 세상의 원칙이 아니라 오직 하나님의 말씀대로 해야 한다. 하나님의 원칙대로 신앙생활을 한다는 것은 무엇일까? 내가 져야할 십자가를 기꺼이 지고 살아가는 것이다. 예수 그리스도는 십자가를 지심으로 우리를 모든 죄에서 자유롭게 하셨다. 진정한 그리스도인은 우리를 구원하신 그 은혜에 감사하여 자기 십자가를 지고 하나님의 종으로 살아간다. 내 권한은 하나도 없고 하나님의 말씀만 따라 살아간다.

이와 같이 하나님의 종으로 살아가면서 신앙생활을 하는 그리스도인을

하나님은 '복 있는 자'라고 부르신다.

2단계
한 단어의 특징을 살리라

한 단어의 힘을 활용하라

설교 글을 쓰는 방법 중 하나가 단어의 특징을 활용하는 것이다. 단어는 활용도가 넓고, 그 안에 담긴 힘은 엄청나다.

단어의 특징을 활용하는 방법에는 두 가지가 있다. 하나는 단어 하나로 글을 쓰는 방법이고, 다른 하나는 상반되는 두 단어를 비교, 대조하며 글을 쓰는 방법이다. 예수님 역시 단어를 활용한 비유법으로 설교하셨다.

단어의 특징을 활용한 글쓰기는 『설교는 글쓰기다』에서 심도 있게 다루었다. 이 책에서는 실제로 어떻게 글을 쓸 것인가에 대해 설명하려고 한다.

얼마 전 한 목사의 설교 이야기를 들었다. 그는 '예배'에 대해 설교하기 위해 '전기장판'이라는 단어를 사용했다. 전기장판이 전기와 연결되면 따뜻해지듯이, 예배에서 예수님과 연결되면 우리 마음이 따뜻해진다고 비유를 사용해 설명한 것이다. 예배가 끝난 뒤 많은 교인이 전기장판이 전기와 연결되듯이, 우리도 예수님과 연결되어 주위를 따뜻하게 해야겠다고 고백했다고 한다.

나의 경우, '사명'을 설명하면서 '(교회) 간판'을 사용한 적이 있다. 설교를 들은 많은 교인이 교회 간판이 그 교회가 어떤 교회인지 잘 드러내듯이, 우리도 하나님을 잘 드러내야겠다고 고백했다. 간판만큼도 하나님을 드러내지 못한다면 그리스도인으로서의 삶이 얼마나 부끄러운 것인지 깨달았다고 했다.

설교자들은 예수님이 사용하신 '한 단어 비유법'을 이 시대에 맞게 사용해야 한다. 세상에서 영적인 것을 드러내는 데 한 단어보다 강력한 것은 없기 때문이다.

KBS 앵커이자 우리나라 휴먼 커뮤니케이션 1호 박사인 김은성은 그의 책 『마음을 사로잡는 파워 스피치』위즈덤하우스, 2011에서 예수님의 설교에 대해 "풍부한 비유를 사용하여 자신의 생각을 효과적으로 전달하는 데 탁월했다"라고 이야기한다. 작가인 샘 혼_{Sam Horn}은 자신의 책『사람들은 왜 그 한마디에 꽂히는가?』_{갈매나무, 2015}에서 청중의 필요를 만족시킬 수 있는 가장 강력한 방법이 예수님이 사용하신 한 단어 비유라고 이야기한다. 특히 예수님이 사용하신 이 한 단어 비유법은 청중이 많을 때 더욱 효과적이라고 했다. 한 단어 비유법은 청중의 마음을 사로잡는 데 탁월하다.

설교에서 단어의 특징을 어떻게 활용할 것인가

예수님은 비유법으로 한 단어와 대비되는 두 단어를 사용하셨다. 예수님이 사용하신 한 단어에는 '등불', '겨자씨', '좁은 문', '잃은 양' 등이 있다. 대비에 사용하신 두 단어에는 '소금과 빛', '하늘과 땅', '큰 자와 작은 자' 등이 있다.

수많은 자극과 정보로 가득한 이 시대에 성경 의미를 어떻게 설명할 것인지는 매우 중요하다. 특히 단어 해석만 담은 단순한 설교에는 청중이 관심과 흥미를 기울이지 않는다.

예수님처럼 단어의 특징을 활용해 보자. 한 단어의 특징을 활용한 글쓰기는 말씀을 낯설게 설명하면서 들리게 하는 효과가 있다.

한국 교회의 목회자들은 성경을 설명하거나 해석하는 데 탁월하다. 그러나 이를 설교에 그대로 사용하면 청중이 이해하기가 힘들다. 이는 설교자들에게 해석 교육만 강조했지 글쓰기 교육을 하지 않았기 때문이다.

예수님이 단어의 특징을 사용해 청중과 소통하셨다면, 설교자들도 적극적으로 이 방법을 사용해야 한다. 성경 해석은 시대와 무관하지만 글은 그렇지 않다. 설교자는 시대에 동떨어진 글이 아니라 시대와 밀접한 글을 써야 한다.

설교에서 자주 사용하는 주제는 믿음과 은혜, 기도, 사랑, 사명, 헌신, 전도, 신앙생활 등이다. 이런 주제를 설교할 때마다 내용이 중복되면 설교가 지루해진다. 하지만 단어의 특징을 잘 활용하면 주제에 낯설게 접근하면서 청중의 관심을 끌 수 있다.

작가들은 소설이나 에세이 같은 좋은 문학 작품에서 단어를 중복해서 사용하지 않는다. 신선하고 맛깔스러운 단어를 사용해 작품을 더욱 빛나게 한다. 단어의 특징을 활용해 어떻게 설교 글을 작성하는지 아래의 예를 참고해 보자.

'김장'으로 '신앙생활의 맛'을 설명한다

• • •

삶은 맛이다. 섞은 맛이 아니라 섞인 맛이다. 삶은 사람들과 섞일 때 맛을 낼 수 있다. 함께 섞여야 할 대상이 또 있다. 하나님이다. 하나님과 섞일 때 우리 삶은 최고의 맛이 된다.

음식은 맛있어야 한다. 맛없는 음식은 사람들로부터 외면당한다. 삶 역시 맛이 있어야 한다. 맛을 내는 삶에는 사람들이 관심을 갖지만 맛없는 삶에는 아무 매력도 느끼지 못한다.

김장도 맛내기다. 맛을 내지 못하면 한철 내내 손가락만 빨아야 할지도 모른다. 맛은 혼자 낼 수 없다. 갖가지 양념이 섞일 때에만 낼 수 있다. 누구도 배추만 먹으면서 겨울을 날 수는 없다. 하지만 배추가 양념과 버무려지면 김장 김치만으로도 끄떡없이 겨울을 날 수 있다.

예수님의 십자가가 세상을 이겼다. 십자가가 세상을 이길 수 있었던 것은 누구도 낼 수 없는 맛을 냈기 때문이다. 누구도 대속이라는 죽음으로 부활의 맛을 내지 못했다. 오직 예수님만이 그렇게 하셨다.

마찬가지로 신앙생활도 맛내기다. 각자가 고유한 맛을 내는 것이다. 그런데 그 맛은 혼자서 낼 수 없다. 하나님의 말씀과 기도로 버무려져야 맛이 난다. 그러면 독특한 맛 때문에 사람들이 그 맛을 보려고 달려든다.

신앙생활에서 맛이 안 나면 군내 나는 김치처럼 된다. 군내가 나면 누구도 들여다보지 않고 외면한다. 그리스도인은 하나님의 말씀과 기도, 찬양, 예배 등으로 버무려져 맛을 내야 한다. 그러면 그 맛이 세상을 상큼하고 풍성하게 만들 것이다.

• • •

'포스트잇'으로 '사랑'을 설명한다

...

아이에 대한 부모의 사랑은 스킨십으로 표현된다. 부모의 따뜻한 손길이 닿는 순간 아이는 행복과 안정감을 느낄 수 있다. 따뜻한 악수, 위로의 포옹, 격려의 토닥거림…. 스킨십은 그 자체로 사람들에게 메시지를 전달한다. 그래서 사람들은 스킨십을 원한다.

구원 역시 예수님의 섬세한 스킨십에서 시작되었다. 작지만 부드러운 터치가 인간에게 천둥처럼 다가와 거대한 구원의 역사를 이루었다. 우리 마음을 만지시는 예수님의 사랑은 한계를 뚫고 하늘의 세계를 바라보게 해 준다. 우리는 매일 일상에서 예수님과의 스킨십을 원한다.

포스트잇은 연필의 스킨십을 원한다. 포스트잇에 연필의 스킨십이 일어나는 순간 내용이 담긴다. 포스트잇은 내용을 담고자 태어났기 때문이다. 포스트잇은 작은 스킨십을 받을 준비가 되어 있다. 포스트잇이 원하는 것은 작은 스킨십, 사각사각 거리는 연필의 촉감이다. 그 작은 스킨십이 있을 때 포스트잇의 존재감이 드러난다. 그리스도인 역시 예수님의 스킨십을 원한다. 예수님의 사랑을 받을 때 살아갈 이유가 생긴다. 의미 없고 수준 낮은 삶이 아니라 수준 높은 예수님의 십자가라는 가치를 추구하게 된다.

포스트잇은 어딘가에 붙어 있을 때 그 쓰임이 빛을 발한다. 그리스도인 역시 예수님에게 붙어 있음으로 큰 사랑을 받고 풍성한 열매를 맺을 수 있다. 요한복음 15장 5절에서 예수님은 "그가 내 안에, 내가 그 안에 거하면 사람이 열매를 많이 맺나니"라고 말씀하신다. 그렇다. 그리스도 인은 예수께 붙어 있을 때에만 그분의 사랑에서 생명과 의미를 얻을 수 있다.

'머무름'으로 '예배'를 설명한다

• • •

'스타치오'$_{statio}$는 수도원에서 미사를 드리기 위해 성당에 들어가기 5분 전, 잠시 마음을 모으고 준비하는 시간을 말한다. 그 시간에 성도는 하나님을 만나는 긴장과 설렘을 동시에 느낀다. 스타치오의 뜻은 정지, 휴식, 머무름이다.

투우장에서 싸움을 하는 소도 멈춤의 시간을 갖는다. 투우장에서 소는 투우사에게 죽기까지 세 번을 찔린다. 마지막으로 찔리기 전, 소는 경기장 한복판에서 잠시 멈춘다. 투우사와 맞설 준비를 해야 하기 때문이다. 이때 소는 흥분과 분노를 느끼는 동시에 죽음의 두려움과 맞서게 된다. 소는 생사의 갈림길에서 경기장 한 곳에서 잠시 멈춰 선다. 그곳이 '케렌시아'$_{querencia}$이다.

케렌시아는 투우장에서 소가 마지막 일전을 앞두고 홀로 잠시 숨을 고르는 자기만의 공간이다. 그때 소는 마지막으로 모든 힘을 모은다. 잠시 멈춤의 시간을 주는 케렌시아는 마지막을 준비하는 소에게 매우 소중한 공간이다.

인간 역시 머무름의 시간이 필요하다. 숨 가쁘게 흘러가는 삶 속에서 숨 고르기를 해야 한다. 특히 두렵고 불안하거나 새로운 도약을 준비할 때는 숨을 고르기 위해 멈추어야 한다. 무슨 이유로든 마음이 불안하다면 더더욱 머무름의 자리가 필요하다.

여호수아 9장에는 여호수아가 기브온 주민들과 조약을 맺는 내용이 나온다. 하나님은 여호수아에게 가나안 족속들을 진멸하라고 명령하셨다. 하지만 여호수아는 기브온 족속을 진멸하지 않고 도리어 조약을 체결해 살려 주었다.

기브온 주민들은 여호수아가 이끄는 이스라엘이 여리고와 아이 성에서 행한 일들을 들었다. 자신들도 목숨을 건질 수 없음을 깨닫고 살 길을 찾기 위해 거짓으로 위장했다. 다 낡아 떨어진 신과 옷을 걸치고 해어진 전대와 해어지고 찢어진 가죽 포도주 부대를 실었다. 마르고 곰팡이가 난 떡을 준비해 여호수아에게 갔다. 그리고 아주 먼 나라에서 왔다고 거짓말을 하면서 조약을 맺자고 간청했다.

여호수아는 그들의 소재지와 신상을 파악해야 했다. 나아가 하나님께 이들을 어떻게 처분해야 할지 물어야 했다. 하지만 그런 시간을 전혀 갖지 않았다. 여호수아는 기브온 주민의 요구대로 그들과 화친 조약을 맺고 말았다.

여호수아는 하나님 앞에서 잠시 머물러야 했다. 하지만 그렇게 하지 않았다. 하나님 앞에 머무는 케렌시아의 공간도 확보하지 않았다. 스타치오의 시간도 갖지 않았다.

삶은 분주하다. 분주할수록 하나님 앞에 머무는 시간을 가져야 한다. 예배는 하나님 앞에 머무는 시간이다. 그리스도인에게 그 머무름이 없다면 실패할 수밖에 없다. 어떤 환경에서도 우리는 하나님 안에서 머무르는 시간과 공간을 확보해야 한다. 그럴 때 내 생각대로가 아니라 하나님의 뜻대로 살아갈 수 있다.

'빈자리'로 '신앙생활'을 설명한다

• • •

공간마다 '여백의 미'가 있다. 삶에도 여백이 있어야 한다. 우리의 인생도 마찬가지다. 틈이 있어야 하나님이 들어가실 수 있다. 그렇지 않으면 그 틈에 탐욕이 채워진다. 그렇게 틈에 들어오신 하나님은 점점 우리의 중심이 되실 것이다.

베드로와 안드레에게는 예수님의 말씀에 순종할 수 있는 마음의 빈자리가 있었다. 예수님이 "나를 따르라"라고 말씀하시자 배와 그물을 버리고 따랐다. 그들의 마음에 예수님의 말씀을 받아들일 빈자리가 있었기 때문이다.

50대가 되면 진짜 공부를 하게 된다. 마음에 여유라는 빈자리가 생기기 때문이다. 신앙생활은 자리 채우기가 아니라 자리 비우기다. 인간의 욕망 채우기가 아니라 인간의 욕망 비우기다. 인간의 자리 만들기가 아니라 하나님의 자리 만들기다. 우리 안에는 나의 자리가 아닌 하나님의 자리가 있어야 한다. 우리가 하나님의 뜻대로 살지 못하는 이유는 그분을 위한 빈자리가 없기 때문이다. 하나님의 빈자리를 마련할 수 있어야 한다. 그럴 때 공부다운 공부를 할 수 있다.

사람들은 휴식을 취할 때 마음을 비우기보다 몸을 채우려 한다. 맛있는 음식을 먹고 근사한 곳에 가면 그것이 힐링이라고 생각한다. 그러나 힐링은 채움이 아니라 비우는 과정에서 생긴다. 하나님이 들어오실 자리가 생길 때 비로소 힐링이 시작된다.

하나님이 들어오실 자리를 비워 두려면 먼저 힘을 빼야 한다. 벼가 익을 시기가 되면 논에 물을 빼 주어야 하는 이치와 같다. 논에서 물을 빼지 않으면 벼가 썩어 곡식을 거둘 수 없다.

내 안에 하나님의 자리를 만들기 위해서는 내 자리를 빼야 한다. 내 자리를 빼는 순간 하나님이 들어오실 자리가 생긴다. 결국 신앙생활은 내 자리를 만들고 넓히는 과정이 아니라, 하나님의 자리를 만들고 넓히는 과정이다.

'행주'로 '태도'를 설명한다

• • •

삶에서 '어떤 위치에 있는가'는 그리 중요하지 않다. '어떻게 살아가는

가'가 더 중요하다. 태도에 따라 행복이 결정되기 때문이다.

고린도전서 12장은 '은사의 장'이라 불릴 만큼 은사에 대해 많이 이야기한다. 은사는 그리스도인이 어떻게 살아야 하는가를 알려 준다. 모든 사람에게는 부모에게서 물려받은 재능이 있다. 그런데 재능보다 중요한 것이 하나님이 주신 은사대로 사는 것이다. 하나님이 주신 은사대로 살면 삶의 자세가 달라진다. 더 많이 수고해도 교만해지지 않는다. 어떤 상황에서도 불평하지 않고 겸손하게 섬긴다.

행주는 자신에게 주어진 은사대로 살아간다. 같은 수건인데 어떤 것은 얼굴을, 어떤 것은 발을, 어떤 것은 바닥을, 어떤 것은 그릇을 닦는 일에 사용된다. 귀천이 있어서가 아니다. 은사가 다르기 때문이다.

행주는 부엌이 최상의 음식 만드는 장소가 되도록 돕는 은사를 받았다. 얼굴 닦는 수건이 부엌에 있으면 주인은 이를 과감하게 밀쳐 낸다. 오로지 행주만이 부엌에서 일할 수 있는 특권을 받았기 때문이다.

수건은 깔끔함을 떠는 사람과 가깝다. 행주는 쓰레기통에 들어갈 것들과 가깝다. 주인은 손에 방탄과 같은 고무장갑을 착용하지만 행주는 이에 대한 대비책이 전혀 없다. 무방비 상태로 싱크대와 식탁을 닦아 낸다. 주인이 아무리 자신을 혹사시키고 쥐어짜도 불평하지 않는다. 부엌에 있는 지저분한 무언가를 닦는 일이 자신의 일이기 때문이다.

행주는 사명으로 일하지 않는다. 사랑으로 일한다. 수건은 더러운 것은 피하지만 행주는 더러운 것도 기꺼이 받아들인다. 부엌이 깨끗할 수 있다면 자신은 어떻게 되어도 상관없기 때문이다. 행주는 오늘도 비틀어진다. 그리고 싱크대를 문지른다. 주인의 사랑을 받으며 부엌을 최상의 상태로 만든다.

부엌을 향한 행주의 사랑, 부엌을 위한 행주의 희생, 부엌에 대한 행주의 헌신…. 부엌에 걸려 있는 행주를 보면서 그리스도인으로서의 태도를 배우고 묵상해 본다.

두 단어의 차이점을
드러내라

예수님의 비유법 중에서 두드러지는 장점은 차이점을 잘 활용
하신 것이다.

차이점을 활용한 글쓰기는 한 단어의 특징을 활용한 글쓰
기보다 그림 언어로 사용하기에 유용하다. 차이점을 활용하면
대비 효과가 생겨 그 의미를 더 선명하게 전달할 수 있기 때문
이다.

차이점을 활용하는 글에는 서로 대조와 대비가 되는 단어들
이 사용된다. 두 단어 중 한 단어는 정$_正$인 '살리는 글'로, 다른
단어는 반$_反$인 '죽이는 글'로 쓸 수 있다.

단어의 차이점을 사용해 어떻게 설교 글을 작성하는지 예를

들어 설명하면 아래와 같다.

'꿈을 내 것으로 만드는 사람'과
'꿈을 깨뜨리는 사람'으로 '사람'을 설명한다

• • •

사람은 두 종류로 나뉜다. '도움이 되는 사람'과 '도움이 못 되는 사람'이다. 정치권에도 '손목을 잡고 가는 여당'과 '발목을 잡아끄는 야당'이 있다. 마찬가지로 '남이 꿈을 꾸게 하는 멘토'가 있고 '남의 꿈을 깨뜨리는 훼방꾼'이 있다.

남의 꿈을 깨뜨리기는 상대적으로 쉽다. 하지만 자신의 꿈을 간직하는 것은 어렵다. 더욱이 꿈을 끝까지 지켜 내기란 결코 쉽지 않다.

그리스도인에게 꿈은 스스로의 노력보다는 하나님의 선물로 주어진다. 그러므로 우리는 선물의 주인공이 될 만한 사람이 되어야 한다. 꿈은 한 번 꾼다고 내 것이 되지 않는다. 계속 간직하고 사모해야 한다. 오늘 꾼 꿈을 내일도 꾸어야 한다. 내일 꾼 꿈을 모레도 꾸어야 한다. 내년에도, 10년 뒤에도 계속 꾸어야 한다. 그럴 때 그 꿈이 비로소 나의 것이 된다.

꿈을 자신의 것으로 만든 사람은 그 꿈을 하루도 놓친 적이 없다. 그 꿈과 함께 하루하루 살아가기 때문이다. 그렇다고 뜬 구름을 잡지는 않는다. 꿈을 꾸되 현실을 직시하며 살아간다.

반대로 꿈을 깨뜨리는 사람이 있다. 그들이 품은 꿈은 대부분 하나님으로부터 시작되지 않은 헛된 야망인 경우가 많다. 스스로 쥐어짜서 만든 야망에 사로잡힌 사람은 자신의 꿈은 물론 다른 사람의 꿈마저 깨뜨릴 수 있다.

모든 사람은 꿈을 꾸고 살아야 한다. 꿈의 크기는 문제가 되지 않는다. 작지만 소중한 자신만의 꿈을 매일 간직하며 살아야 한다. 그럴 때 바닥을 기는 퍽퍽한 현실도 작은 천국으로 만들며 살아갈 수 있다.

성경은 모든 사람이 죄인이라고 말한다. 꿈을 꾸지만 그 꿈을 이룰 수 없는 사람이라는 뜻이다. 죄인이 꿈을 이룰 수 없는 이유는 그 안에 하나님이 없기 때문이다. 죄인은 스스로 꿈을 깨뜨릴 뿐이다. 하지만 하나님은 우리를 꿈꾸게 하신다. 요셉은 '꿈쟁이'였다. 꿈을 꿀 수 없는 환경에서도 하나님은 그가 꿈꾸도록 하셨고, 마침내 그 꿈이 이루어졌다.

세상에는 꿈을 꾸며 사는 사람과 꿈을 깨뜨리며 사는 사람이 있다. 꿈을 꾸며 사는 사람 뒤에는 하나님이 계신다. 꿈을 깨뜨리는 사람 뒤에는 하나님이 없다. 그러므로 꿈을 꾸느냐, 꿈을 깨뜨리느냐보다 중요한 것은 하나님과 함께 꿈을 꾸느냐, 그렇지 않느냐이다.

'만남'과 '만져짐'으로 '예수님'을 설명한다

• • •

"검색하는 자가 되지 말고 검색당하는 자가 되라"라는 말이 있다. 누구나 검색당하는 자가 되고 싶다. 하지만 현실은 검색하는 자로 머물러 있다. 검색을 당하려면 한 가지 할 일이 있다. 글을 쓰고 책을 쓰는 것이다. 글을 쓰지 않으면 검색하는 자에 머물 뿐이다.

책 읽기를 '저자와의 대화'라고 한다. 우리는 독서를 통해 저자와 간접적으로 만난다. 하지만 단순한 읽기로는 그 만남이 피상적일 뿐이다. 독서를 하되 대충 읽고 건너뛰는 수준이 아니라 읽은 내용을 내 것으로 만드는 깊이까지 가야 한다. 단순한 스침이 아니라 깊은 마주침까지 갈 때 비로소 저자와의 진정한 대화가 이루어진다. 그럴 때 검색하던 자에서 검색 당하는 자에게까지 도달할 수 있다.

신앙생활도 마찬가지다. 신앙생활이란 성경을 통해 예수님과 만나는 것이다. 여전히 많은 사람이 성경을 읽지만 예수님을 깊게 만나지 못한다. 그 이유는 예수님의 만지심을 느끼지 못했기 때문이다.

삶은 만남으로 그치는 것이 아니라 만져짐으로 연결되어야 한다. 예수님과의 만남도 마찬가지다. 예수님이 직접 만지실 때 평범한 사람에서 하나님의 사람으로 바뀔 수 있다.

우리는 예수님과 만날 때 구원을 받는다. 하지만 이는 피상적일 수 있다. 예수님이 직접 내 마음과 영혼을 깊이 만져 주셔야 구원의 역사가 확실하게 일어난다. 그러므로 직접 찾아오셔서 나를 만져 달라고 구해야 한다. 예수님도 이것을 원하신다. 친히 찾아오셔서 우리를 직접 만지시는 것이다. 삭개오에게 다가가서 "삭개오야 속히 내려오라 내가 오늘 네 집에 유하여야 하겠다"눅 19:5고 말씀하시는 것처럼 말이다.

우리는 예수님을 만나야 한다. 나아가 예수님이 나를 직접 만지시도록 해야 한다. 거기에서 그쳐서도 안 된다. 예수님이 우리 안에 거하시는 데까지 나아가야 한다. 이것이야말로 예수님이 원하시는 그리스도인으로서의 삶이다.

'이끌림'과 '눈 맞춤'으로 '하나님께 인도받음'을 설명한다

• • •

신앙생활을 할 때 알아야 할 한 가지가 있다. 신앙생활은 내가 이끄는 것이 아니라 하나님이 이끄시는 것이라는 사실이다. 그렇다고 우리가 해야 할 일이 없는 것은 아니다. 하나님에 대한 순종과 최선의 헌신으로 우리 몫을 해야 한다. 그럴 때 하나님은 우리를 이끌어 주신다.

마중물이라는 것이 있다. 펌프에 지하수를 끌어올리기 위해 위에서 붓는 물이다. 하나님의 은혜를 바라는 우리의 노력은 마치 마중물과 같다. 마중물에는 갈급함과 간절함이 있다. 이끄시는 분은 하나님이지만, 우리는 가난하고 절박한 심정으로 하나님을 찾고 또 찾아야 하는 것이다.

이사야는 "여호와를 만날 만한 때에 찾으라 가까이 계실 때에 그를 부르라"사 55:6 라고 말한다. 마태복음은 '구하라, 찾으라, 두드리라'마 7:7-8 라고 한다. 이 말씀은 모두 간절한 마음으로 하나님께 나아가라는 뜻이다. '지금이 마지막이다'라는 절박한 심정으로 하나님을 찾아야 한다. 그럴 때 하나님의 인도를 받을 수 있다. 한때 뜨거운 마음으로 하나님의 인도를 구할 수는 있다. 하지만 사는 동안 계속해서 같은 마음으로 하나님의 인도를 구하며 살기란 쉽지 않다.

누구나 어쩌다 한 번은 승리할 수 있다. 그 승리를 계속 가져가는 것이 어렵다. 무언가에 호기심을 가질 수는 있다. 하지만 이 호기심을 계속 이어 갈 때 자기만의 길이 만들어진다. 한 번 지나간 발자국은 곧 지워지지만, 그것이 계속되면 거기에 길이 생긴다.

하나님의 인도를 받는 것도 마찬가지다. 사는 내내 하나님의 인도를 받기 위해서는 평생에 걸쳐 노력해야 한다. 마중물을 붓는 심정으로 매달려야 한다. 절박함으로 하나님을 향한 마음을 계속 유지해야 한다.

하수와 고수의 차이는 안목의 차이다. 바둑에서 고수는 몇 수 앞을 본다. 하수는 바로 앞의 수도 보지 못한다. 고수는 절대 무리수를 두지 않는다. 하수는 무리수만 연속으로 둔다.

하수는 세상과 눈 맞춤을 하지만 고수는 하나님과 눈 맞춤을 한다. 말씀을 묵상하고 기도하는 시간이 고수가 하나님과 눈을 맞추는 시간이다.

고수들은 수를 읽을 때 오랫동안 읽지만 하수는 수를 읽는 시간이 짧다. 고수가 오랜 시간 수를 읽는 것은 바둑과 눈을 맞추는 시간이 길다는 것을 의미한다.

하나님과 눈을 맞추는 시간 역시 마찬가지다. 세상의 즐거움이 아니라 하나님의 영광을 바라보는 시간이 길어야 한다. 마치 아기들이 엄마에게서 오랫동안 눈을 떼지 않는 것과 같은 이치다.

이처럼 모든 그리스도인에게는 이끄심에 대한 간절함과 하나님과 눈 맞추는 시간이 필요하다. 그럴 때 평생 동안 우리를 선한 길로 이끄시는 하나님의 인도를 받을 수 있다.

'복덩이'와 '구박덩이'로 '그리스도인'을 설명한다

• • •

사람을 만드는 것은 생각이다. 어떤 생각을 하느냐에 따라 그 사람이 '복덩이'가 되기도 하고 '구박덩이'가 되기도 한다.

구박덩이가 되는 것은 쉽다. 생각을 부정적으로 하면 된다. 복덩이가 되는 것은 쉽지 않다. 복덩이는 단순히 복이 많은 사람이 아니라 다양한 생각을 품을 줄 아는 사람이다. 자신과 다른 것을 품기란 쉽지 않다. 반대되는 것을 품기는 거의 불가능에 가깝다. 하지만 복덩이는 자신과 다른 것은 물론 반대되는 것까지 품을 줄 안다.

어떤 사건을 만나면 그 사람이 복덩이인지 구박덩이인지 알 수 있다. 그 일에 비판과 불평부터 하는 사람은 자신도 모르게 스스로를 구박덩이로 만든다. 하지만 비판과 불평 대신 감사로 그 일을 받아들이는 사람은 복덩이가 된다.

구박덩이는 처한 상황을 불행하다고 느끼지만 복덩이는 행복하다고 느낀다. 결국 복덩이의 행복은 갈수록 커지고, 구박덩이의 행복은 갈수록 시들어 간다. 삶 전체로 볼 때 복덩이는 복에 복을 더해 받는 플러스 인생을 살고, 구박덩이는 있는 모든 것을 빼앗기는 마이너스 인생을 살고 만다.

생각은 삶 전체를 좌우할 만큼 중요하다. 하나님이 기뻐하시는 생각, 하나님의 말씀에 근거한 생각을 품어야 한다. 그러면 사는 동안 하나님의 복이 떠나지 않는 복덩이가 될 것이다.

'대박 인생'과 '쪽박 인생'으로 '태도'를 설명한다

• • •

사람마다 살고 싶은 인생이 있다. 바로 '대박 인생'이다. 아직까지 '쪽박 인생'을 살고 싶다는 사람을 만난 적이 없다. 대박 인생을 살기는 간단하지 않다. 로또에 당첨된다고 해서 대박 인생이 되는 것이 아니다. 하나님의 뜻에 합한 태도로 사는 인생이 대박 인생이다.

그리스도인은 대박 인생을 산다. 하나님이 주시는 멋과 맛이 있는 인생을 살기 때문이다. 많이 가진 인생, 자랑할 것이 많은 인생이 대박 인생이 아니다. 하나님의 멋이 드러나는 인생이 대박 인생이다. 이런 인생에는 남다른 멋과 깊은 맛이 난다.

누구나 흠모할 만한 멋과 깊은 맛을 내는 사람의 특징이 있다. 많은 것을 따라가지 않고 좋은 것을 택한다. 이들은 삶에서 양이 아니라 질을 추구한다. 세상 것이 아니라 하나님의 것을 바라본다.

그리스도인은 또한 깊은 맛이 담긴 인생을 살아야 한다. 김치가 맛을 내기 위해서는 발효 과정을 반드시 거쳐야 한다. 적당하게 발효하면 군침 도는 냄새가 난다. 하지만 지나치게 발효하면 역겨운 냄새를 낸다. 그리스도인의 삶 역시 마찬가지다. 말씀대로 살면 향기가 나지만 말씀대로 살지 않으면 악취가 난다.

대박 인생과 쪽박 인생은 태도가 결정한다. 하나님이 주시는 힘으로 살 것인가, 나 자신의 힘으로 살 것인가? 하나님이 주시는 힘을 의지하는 사람은 그 자체만으로도 이미 대박 인생을 살아가고 있는 것이다.

낯설게 쓰라

설교는 낯설게 쓰기다

어떤 것이든 낯설어야 사람들의 관심을 받는다. 설교자가 설교 글을 쓸 때 심혈을 기울여야 할 부분이 '낯설게'이다.

성경학자이자 설교자인 월터 브루그만Walter Brueggemann은 그의 책 『마침내 시인이 온다』성서유니온선교회, 2018에서 '낯설게'를 이야기한다. 그는 "설교는 낯설게 하기"라고 말한다. 그 구체적인 방법으로 '내용 낯설게 하기'와 '표현 낯설게 하기'가 있다. 이는 설교자가 설교 글을 쓸 때 구태의연하게 쓰지 말아야 한다는 뜻이다.

설교 글을 낯설게 쓰기 위해서 갖춰야 할 것이 있다. 지적 능력을 키우는 것이다. 아무리 낯설게 써야 한다고 강조해도 쓸 만한 능력이 안 되면 낯설게 쓸 수 없다.

이번 장에서는 낯선 표현과 진술 방식으로 쓰는 것에 대해 이야기하려고 한다. 특히 설교의 도입부인 서론과 결론부인 적용을 낯설게 쓰는 것에 대해 다루고자 한다. 그 부분이 가장 중요하기 때문이다.

영화도 낯설게 시작한다

최근에 한국 영화 두 편을 관람했다. 하나는 "극한직업"2019으로 천만 관객을 달성한 영화이고, 다른 하나는 "증인"2019이다. 예전에는 영화가 시작되자마자 제목을 바로 보여 주었다. 하지만 요즘에는 내용이 잠깐 진행되고 나서 제목이 나온다. 이 또한 이야기를 낯설게 시작하려는 일련의 노력이라고 생각한다.

설교도 마찬가지다. 서론이 낯설지 않으면 청중의 관심도가 확 떨어진다. 나아가 쉽게 싫증을 낸다. 자신들이 예상하는 전개로 흘러가면 더 듣고자 하는 욕구가 사라진다. 설교의 서론이 낯설지 않으면 청중에게 외면당한다.

낯설게 시작하는 것이 관건이다

기시미 이치로きしみ いちろう와 함께 『미움받을 용기』인플루엔셜, 2014를 써서 베스트셀러 작가의 대열에 오른 고가 후미타케こがふみたけ 는 자신의 책 『작가의 문장수업』경향BP, 2015에서 서론의 중요성을 이야기한다.

그는 "서론은 영화의 예고편과 같아야 한다"고 말한다. 이 말은 서론이 얼마나 중요한지를 나타낸다. 서론에 책 한 권이 다 담길 수 있을 정도여야 한다는 뜻이다.

엔터스코리아의 양원근 대표는 그의 책 『책쓰기가 이렇게 쉬울 줄이야』오렌지연필, 2019에서 서문을 쓸 때는 '동기 부여'에 초점을 맞추라고 말한다. 동기 부여를 해 주어도 서문이 낯설게 시작될 수 있다.

대부분의 설교자는 청중이 왜 이 설교를 들어야 하는지에 대해 합당한 이유를 말하는 것으로 설교를 시작한다. 신학교에 다닐 때, 설교에서 서론은 '마음 열기'라고 배웠다. 그래서 아이스 브레이킹ice breaking을 많이 사용했다. 분위기를 부드럽게 하거나 마음을 열도록 하기 위해 간단한 유머로 시작하는 방법을 권하기도 했다.

하지만 지금은 상황이 달라졌다. 매일 엄청나게 많은 양의 콘텐츠가 쏟아져 나온다. 유튜브는 1분에 500시간 분량씩 콘텐츠가 업로드 된다. 수많은 콘텐츠 중에서 선택을 받으려면 출발부터 달라야 한다. 단순히 아이스 브레이킹이 아니라 청중이 설교를 들어야겠다고 결단하도록 만들어야 한다.

어떻게 낯설게 시작할 것인가

설교는 낯설게 시작해야 한다. "믿으면 산다"라는 주제의 설교를 한다고 해서 '믿음'으로 서론을 시작하면 청중은 벌써 지루해한다. 전혀 새롭지도 흥미롭지도 않기 때문이다. 낯설게 하려면 오히려 '절망'으로 시작해야 한다. 그러면 청중은 '절망'에서 '믿음'으로 어떻게 끌고 갈 것인가에 대해 호기심을 품고 설교에 집중할 것이다.

제목: 집중할 때 비로소 선물이 된다

본문: 베드로전서 1장 10-12절

* 이 설교는 서론을 낯설게 하기 위해 '좀 더'라는 말로 시작한다.

괴테의 유언은 "좀 더 빛을Mehr Licht!"이다. 괴테가 이 말을 묘비에 기록하라고 한 것은 그의 인생에 '좀 더'라는 노력이 필요했다는 마음을 피력한 것이다.

살다 보면 아쉬움이 많이 남는다. 그러니 그의 유언은 지극히 당연한 것일지도 모른다. 매년 12월이 되면 한 해가 저무는 것에 대한 아쉬움이 진하게 밀려온다. 좀 더 알차게 보내지 못한 아쉬움, 하루하루 좀 더 최선을 다해 살지 못한 아쉬움, 좀 더 하나님께 헌신하지 못한 아쉬움 등이다.

좀 더 열정을 불태웠을 때는 아쉬움이 덜할 수도 있다. 하지만 아쉬움 없는 연말을 보낸 적은 거의 없다. 아쉬움을 없애기에 좀 더 분발하는 것으로는 부족하다. 집중해야 한다. 집중을 넘어 몰입해야 한다.

일반적인 삶이 자신에게 몰입하는 것이라면, 신앙생활은 하나님께 몰입하는 것이다. 즉 하나님의 영광을 드러내는 일에 집중하는 것이다.

무언가를 성취하기 위해 몰입은 필수적이다. 하지만 그리스도인은 어떤 것을 성취하기 위해서 하나님께 집중하지는 않는다. 신앙생활 자체가 하나님에 대한 집중과 몰입에서 시작하기 때문이다.

본문에서 베드로는 초대교회 그리스도인들에게 구원에 집중하라고 이야기한다. 베드로가 편지를 쓸 당시 사람들은 구원이 뭔지 잘 몰랐다. 하지만 지금 우리는 구원의 중요성과 가치를 알고 있다. 그 구원의 위대한 가치가 오늘 그리스도인들에게 성령의 능력으로 전해지기 때문이다.

그리스도인은 신앙생활 가운데 하나님께 집중해야 한다. 예수님이 십자가에서 죽으심으로 주신 구원에 집중해야 한다. 그리고 그리스도인으로서의 삶에 집중해야 한다. 집중하되 '적당히'가 아니라 '죽기 살기로' 해야 한다. 그럴 때 후회하는 것이 아닌 만족하는 신앙생활을 할 수 있다.

제목: 거룩이 그리스도인다운 삶의 답이다

본문: 베드로전서 1장 13-19절

* 이 설교는 서론을 낯설게 하기 위해 '취향 나치'와 '취향 저격'이라는 말로 시작한다.

'취향 나치'라는 말이 있다. 상대의 취향이 자신의 생각과 다르면 곧바로 공격하는 사람을 일컫는 말이다. 반대로 '취향 저격'이라는 말이 있다. 어떤 사람이나 물건이 자신의 취향에 꼭 맞춘 것처럼 매우 마음에 든다는 말이다.

취향 나치나 취향 저격은 그 사람의 관심과 관련된 말이다. 사람마다 자신의 취향이 있고 그 취향에 따라 살아간다. 나의 관심은 사람들과 어울리는 것이었다. 하지만 책의 맛을 알게 된 후로는 카페에서 책을 읽고 글을 쓰는 것이 커다란 관심사가 되었다. 여기에 굳이 하나 더 덧붙인다면 사람들에게 내가 가진 것을 나눠 주는 것이다.

사람들의 관심은 다양하다. 맛있는 것 먹기, 집안 꾸미기, 운동하기…. 해외여행에 관심이 많은 사람도 있다. 관심사가 중요한 이유는 관심대로 살아가고 그 관심에 따라 변해 가기 때문이다.

최근에는 사람들이 작은 것에 관심을 갖는다. 작은 것이 소중해 보이기 때문이다. 정용성 목사는 그의 책 『닭장 교회로부터 도망가라』홍성사, 2015에서 독일의 경제학자 에른스트 슈마허Ernst Schumacher의 견해를 들어서 작은 것의 아름다움을 찬양한다.

세계 주류 경제학자들과 교류하면서도 이들에 반기를 든 에른스트 슈마허는 『작은 것이 아름답다』문예출판사, 2002에서 '거대한 규모'는 적이며 죄악이라고 주장했다. 규모의 거대함은 인간을 비인격적으로 만드는 온상일 뿐 아니라, 구성원의 필요나 요구에 둔감하게 하고, 무절제한 독점이나 권력 남용을 초래하기 때문이다. 슈마허에게 작은 것은 인간 친화적으로 자유롭고, 창조적이고, 효율적일 뿐만 아니라 편하고, 즐겁고, 지속적이다.

작은 것은 아름답다. 작은 아이는 그 존재 자체로 얼마나 귀여운가. 작은 강아지나 고양이에게 사람들은 걸음을 멈추고 미소를 보낸다.

나는 한 사람 한 사람이 다 아름답다고 생각한다. 사람들이 큰 것을 지향할 때 나의 관심은 제대로 세워진 설교자 한 사람이었다. 내가 섬기는 아트설교연구원을 통해, 마쓰시타전기산업의 창업자 마쓰시타 고노

스케まつしたこうのすけ가 세운 '마쓰시다정경숙'일본의 차세대 리더들을 양성하는 기관-편집자 주같이 탁월한 인재를 키우고자 한다. 작은 숫자이지만, 세상을 변화시키고 교회를 새롭게 할 탁월한 설교자를 키우는 데 나의 관심은 집중되어 있다.

예수님은 구원을 좁은 문으로 설명하셨다. 구원으로 들어가는 사람은 다수가 아니라 소수이다. 미국의 시인 로버트 프로스트Robert Lee Frost는 그의 시 "가지 않은 길"The Road Not Taken에서 다수가 가는 길이 아닌 소수가 가는 길을 선택하라고 말한다.

그리스도인도 다수의 사람들이 외면하는 '거룩'에 관심을 가져야 한다. 오늘 본문 역시 그리스도인이 관심을 두어야 하는 주제가 '거룩'이라고 말한다. 베드로는 거룩한 사람이 되라고 강력하게 말한다.

"오직 너희를 부르신 거룩한 이처럼 너희도 모든 행실에 거룩한 자가 되라 기록되었으되 내가 거룩하니 너희도 거룩할지어다 하셨느니라."벧전 1:15-16

베드로가 거룩에 관심을 기울인 이유는 하나님의 관심이 거룩에 있기 때문이다. "내가 거룩하니 너희도 거룩할지어다"라는 말씀처럼, 우리 삶의 답은 거룩이다.

어떻게 낯설게 적용할 것인가

설교는 적용하기 위해 한다고 해도 틀린 말이 아니다. 나는 설교 글을 쓸 때 '설명 + 논증 + 적용'으로 쓰라고 가르친다. 설명을 하는 이유도 적용하기 위함이고, '설명 + 논증'을 하는 이유도 적용하기 위함이다.

설교자들의 적용은 명령형이거나 당위적인 경우가 많다. 이는 엄밀히 말해 적용이라 하기 어렵다. 청중이 설득되어 스스로 적용하도록 해야 한다. 그러려면 말씀과 현실을 지혜롭게 연결하는 방법이 필요하다.

설교자가 실제로 사용하는 적용법은 그리 많지 않다. 하지만 연구한 바에 따르면 설교에서 사용할 수 있는 적용 방법들은 꽤 있다. 다음은 설교의 적용 방법을 정리한 내용이다.

① '그때'와 '지금' 연결하기

② 현실에 연결하기

③ 한 번 더 깊이 들어가기

④ 청중이 원하고 바라는 것이 무엇인지 설명하기

⑤ 윤리적이고 교훈적인 내용 적용하기

⑥ '단어'가 아니라 '메시지'로 적용하기

적용은 언제나 구체적이고 실천적이어야 한다. 구이지학_{口耳}

*之學: 남에게 들은 것을 그대로 남에게 전할 정도밖에 되지 않는 학문*에 머물러서는 안 된다. 삶에서 향기를 풍겨 큰 영향을 미칠 수 있어야 한다.

다음은 향기를 풍기는 적용을 위한 요건들이다.

① 구체적이어야 한다.

② 현실적이어야 한다.

③ 청중이 행동으로 옮길 가능성이 충분히 있어야 한다.

삶에서는 현재가 중요하다. 마찬가지로 설교에서는 적용이 중요하다. 적용은 언제나 현재형이다. 현재형 적용은 근거가 말씀에 있다. 여기에서 설명할 적용의 예는 '그때'와 '지금'의 연결이다.

성경은 구약 시대의 선지자들과 신약 시대의 사도들이 썼다. 적어도 지금으로부터 2천 년 이전에 쓰인 말씀을 이 시대의 사람들이 적용해야 하는 것이다. 생생한 적용에 성공하지 못하면 청중의 삶과 동떨어진 말씀을 전하게 될 뿐이다. 말씀과 현재가 잘 연결될 수 있는 적용 방법 중 하나가 그때와 지금의 연결이다. 그 방법은 다음과 같다.

사도행전 1장 9-14절을 '그때'와 '지금' 연결하기 방법으로
적용하면 아래와 같다.

[9]이 말씀을 마치시고 그들이 보는데 올려져 가시니 구름이 그를
가리어 보이지 않게 하더라 [10]올라가실 때에 제자들이 자세히 하
늘을 쳐다보고 있는데 흰 옷 입은 두 사람이 그들 곁에 서서 [11]이
르되 갈릴리 사람들아 어찌하여 서서 하늘을 쳐다보느냐 너희
가운데서 하늘로 올려지신 이 예수는 하늘로 가심을 본 그대로
오시리라 하였느니라 [12]제자들이 감람원이라 하는 산으로부터
예루살렘에 돌아오니 이 산은 예루살렘에서 가까워 안식일에 가
기 알맞은 길이라 [13]들어가 그들이 유하는 다락방으로 올라가니
베드로, 요한, 야고보, 안드레와 빌립, 도마와 바돌로매, 마태와
및 알패오의 아들 야고보, 셀롯인 시몬, 야고보의 아들 유다가
다 거기 있어 [14]여자들과 예수의 어머니 마리아와 예수의 아우들
과 더불어 마음을 같이하여 오로지 기도에 힘쓰더라. 행 1:9-14

• • •

그때: 예수님이 승천하시자 사람들이 마음을 모아 기도했다.
지금: 예배가 끝나면 우리는 카페로 몰려가서 마음 모아 수다를 떤다.

나의 눈으로 보기에 마음 모아 수다떨 때는 하나님은 없고 인간만 있

다. 하나님은 없고 세상만 있다. 하나님의 영광은 없고 인간의 탐욕만 가득하다.

사람들의 모임이 그 자체로 나쁜 것은 아니다. 문제는 대화의 그릇 안에 무엇을 담았는가이다. 사람들은 그 안에 자기 자랑을 담는다. 하나님이 하신 일이 아니라 자신들이 이룬 업적을 담는다. 말씀이 아닌 세상에서의 성취만 오간다. 그러면 카페 모임은 영적 무덤을 파는 곳이 된다. 그 자리에서 하나님이 드러나야 한다. 카페에서의 대화 가운데 하나님이 계셔야 한다. 나의 뜻이 아니라 하나님의 뜻을 찾고 구해야 한다. 예수님의 승천을 목격한 사람들이 기도로 마음을 모았듯이, 카페의 대화에서도 하나님께 마음을 모아야 한다. 카페에서도 하나님을 향한 마음이 모아지면 그곳에 하나님이 임하신다. 그럴 때 사람들은 말씀 안으로 들어가고자 한다. 기도 안으로 들어가고자 한다. 바로 그곳이 예배의 장소가 된다.

카페만이 아니다. 사이버 공간에 모여 하나님의 말씀을 나눌 때 그곳도 예배의 장소가 될 수 있다. 중요한 것은 장소가 아니라 마음이다. 하나님의 임재이다.

· · ·

창세기 12장 10절을 '그때'와 '지금' 연결하기 방법으로 적용하면 아래와 같다.

그 땅에 기근이 들었으므로 아브람이 애굽에 거류하려고 그리로 내려갔으니 이는 그 땅에 기근이 심하였음이라. 창 12:10

・・・

그때: 기근이 심해서 애굽으로 내려갔다.

지금: 많은 그리스도인이 삶의 터전을 마련하기 위해 교회를 떠나 세상으로 내려간다.

2019년에 발생한 코로나-19의 여파는 1919년 대공항 때보다 더욱 심각하다고 한다. 전 세계적으로 코로나-19로 인한 실업률이 늘고 있다. 해외여행이 불가능해져서 여행업과 항공업은 직격탄을 맞았고 그밖에도 많은 사람이 소중한 일터를 잃었다.

본문을 보면, 아브라함은 기근 때문에 먹고 살기 위해 애굽으로 내려갔다. 지금도 많은 사람이 먹고 살기 위해 교회가 아닌 세상으로 내려간다.

그리스도인의 삶의 터전은 교회이다. 많은 사람이 삶의 터전인 교회를 떠나는 주된 이유는 삶의 기근을 면하기 위함이라고 말한다. 하지만 그렇지 않다. 진짜 이유는 삶의 기근이 아니라 영적 기근이다. 이는 다른 말로 말씀의 기근이다.

교회에 말씀이 풍성하다고들 말한다. 하지만 정작 들을 만한 말이 없다면 그것은 풍성함이 아니라 기근이다. 말씀을 들어도 마음이 채워지지 않는다면, 그 사람은 영적 기근 상태에 있는 것이다. 영적 기근 때문에 사람들은 교회를 떠난다.

영적으로 충만하면 하나님이 이길 힘을 주신다. 바울은 우리가 모든 일을 우리를 사랑하시는 이로 말미암아 넉넉히 이긴다고 말한다롬 8:37. 흔히 고난이라고 하면 삶의 고난만 생각하지만, 그리스도인에게 진정한 고난은 영적 고난이다.

경제적으로 어려우면 남들보다 좀 더 가난하게 살면 된다. 하지만 영적 고난에 빠지면 살고 싶어도 살 수가 없다. 참고 살아지지 않는다. 어디에서도 답을 찾을 수 없기에 버틸 수가 없다.

영적 기근이 오면 나타나는 현상이 영적 무기력이다. 영적으로 먹을 것이 없으면 허기를 채울 것을 찾아 정처 없이 떠돈다. 이단이든 뭐든 가리지 않을 지경이 된다. 영적 갈급함을 채워 줄 곳만 필요하기 때문이다.

영적 기근은 영적 고난으로 이어지고, 영적 고난은 삶의 고난으로 이어진다. 때문에 영적 고난을 당하지 않도록 영적으로 깨어 있어야 한다. 영적 고난이 무서운 이유는 삶의 기준을 바꿔 버리기 때문이다. 영적 고난은 삶의 기준을 하나님에서 자신에게로, 영적인 것에서 육적인 것으로 바꾼다.

영적 기근을 겪기 전에 영적 목마름을 채우는 것이 중요하다. 영적으로 목마르다면 살기 위해 영적 도피처를 찾아야 한다. 세상에는 살길이 없다. 하나님의 품 안에만 길이 있다. 아브람은 기근이 일어나자 애굽으로 내려갔다. 그러나 결과는 실패였다. 하나님이 계시지 않는 길로 갔기 때문이다.

기근이 올 때에는 잘 피해야 한다. 잘 피한다는 것은 세상이 아니라 하나님께로 피하는 것을 말한다. 하나님께로 피할 때만 영적 기근이 해결된다. 하나님이 힘을 주실 때 우리는 고난을 넉넉히 이길 수 있다.

• • •

요한복음 7장 25-36절을 '그때'와 '지금' 연결하기 방법으로 적용하면 아래와 같다.

[25]예루살렘 사람 중에서 어떤 사람이 말하되 이는 그들이 죽이고자 하는 그 사람이 아니냐 [26]보라 드러나게 말하되 그들이 아무 말도 아니하는도다 당국자들은 이 사람을 참으로 그리스도인 줄 알았는가 [27]그러나 우리는 이 사람이 어디서 왔는지 아노라 그리스도께서 오실 때에는 어디서 오시는지 아는 자가 없으리라 하는지라 [28]예수께서 성전에서 가르치시며 외쳐 이르시되 너희가 나를 알고 내가 어디서 온 것도 알거니와 내가 스스로 온 것이 아니니라 나를 보내신 이는 참되시니 너희는 그를 알지 못하나 [29]나는 아노니 이는 내가 그에게서 났고 그가 나를 보내셨음이라 하시니 [30]그들이 예수를 잡고자 하나 손을 대는 자가 없으니 이는 그의 때가 아직 이르지 아니하였음이러라 [31]무리 중의 많은

사람이 예수를 믿고 말하되 그리스도께서 오실지라도 그 행하실 표적이 이 사람이 행한 것보다 더 많으랴 하니 ³²예수에 대하여 무리가 수군거리는 것이 바리새인들에게 들린지라 대제사장들과 바리새인들이 그를 잡으려고 아랫사람들을 보내니 ³³예수께서 이르시되 내가 너희와 함께 조금 더 있다가 나를 보내신 이에게로 돌아가겠노라 ³⁴너희가 나를 찾아도 만나지 못할 터이요 나 있는 곳에 오지도 못하리라 하시니 ³⁵이에 유대인들이 서로 묻되 이 사람이 어디로 가기에 우리가 그를 만나지 못하리요 헬라인 중에 흩어져 사는 자들에게로 가서 헬라인을 가르칠 터인가 ³⁶나를 찾아도 만나지 못할 터이요 나 있는 곳에 오지도 못하리라 한 이 말이 무슨 말이냐 하니라. 요 7:25-36

• • •

그때: 예수님 당시 사람들은 예수님의 말씀을 듣고 예수님이 그리스
      도인가에 대해서 느낌표 대신 물음표를 찍었다.
지금: 세상은 예수님을 좋은 사람이라고 말할 때는 마침표를 찍는다.
      하지만 메시아라고 말하면 거부권을 행사한다.

그렇다면 그리스도인들은 어떤가? 예수님을 메시아로 고백하는 사람의 숫자가 줄고 있다. 그 이유는 자신의 삶에 느낌표가 아니라 물음표를 품고 있기 때문이다.

예수님을 인격적으로 만난 그리스도인들은 언제나 삶에 느낌표를 찍는다. 예수님을 생각할 때마다 설렘과 감격이 넘치기 때문이다. 반면에 종교인은 물음표를 던진다. 여전히 자신의 삶을 예수님에게 던질 분명한 이유를 발견하지 못했기 때문이다. 그리스도인은 고민이라는 물음표를 던지는 사람이 아니라 예수님의 사랑에 대한 느낌표를 찍는 사람이다. 우리는 예수님을 믿을까 말까 고민하는 사람이 아니다. 그리스도인 중에서도 계속해서 물음표만 던지는 사람들이 있다. 그들은 여전히 회의와 의문이 가득한 채 살아간다. 진정한 그리스도인은 세상에 대해서는 물음표를 던지고, 예수님에 대해서는 느낌표를 찍는 사람이다.

반전의 묘미를 주라

반전이 있는 글을 쓰라

설교에서 성경 해석에 주안점을 두면 반전은 그리 필요하지 않다. 하지만 설교를 문학 작품처럼 쓰고자 한다면 반전은 기본 요소이다. 반전을 잘 사용하면 청중을 설교에 훨씬 집중시킬 수 있다.

영화나 드라마에 반전이 없으면 관객이나 시청자는 흥미를 느끼지 않는다. 그렇다면 설교자 역시 시대에 맞게 설교 구성과 글에 반전을 사용해야 한다.

반전을 잘 활용한 설교는 다음과 같은 조건을 갖춰야 한다.

① 성경 해석과 시대를 통찰하는 적용

② 다양한 구성과 낯선 설교 구성

③ 문체의 신선함과 역동성

들다 보면 금방 귀를 닫게 되는 설교가 있다. 논리가 뒷받침되지 않거나 반전이 없는 경우, 문체가 시대와 맞지 않는 경우이다.

지금은 원 포인트one point 설교의 시대이다. 원 포인트 설교는 두 가지로 반전을 줄 수 있다. 먼저는 구성의 반전이고, 다음으로는 글의 반전이다. 여기서는 글의 반전을 다루려고 한다.

설교자는 글쟁이다. 글쟁이는 반전 있는 글을 쓸 줄 알아야 한다. 설교 글에도 반전의 묘미를 살릴 줄 알아야 한다. 하지만 현실은 그렇지 못하다. 반전 있는 글은 글을 많이 써 본 사람만이 쓸 수 있기 때문이다.

반전은 지루함을 떨쳐 버리는 한 방법이다

세계에서 가장 영향력 있는 경영인이자 작가인 세스 고딘Seth Godin은 그의 책 『보랏빛 소가 온다』재인, 2004에서 지루함의 독약에 대해서 다음과 같이 말한다.

몇 년 전 가족과 함께 자동차로 프랑스를 여행할 때의 일이다. 우리는 동화에나 나옴직한 소 수백 마리가 고속도로 바로 옆 그림 같은 초원에서 풀을 뜯고 있는 모습에 매혹되었다. 수십 킬로미터를 지나도록 우리는 모두 창밖에 시선을 빼앗긴 채 감탄하고 있었다.

'아, 정말 아름답다!'

그런데 채 20분도 지나지 않아, 우리는 그 소들을 외면하기 시작했다. 새로 나타난 소들은 아까 나타난 소들과 다를 바가 없었고, 한때 경이롭게 보이던 것들이 이제는 평범해 보였다. 아니 평범함 그 이하였다. 한마디로 지루하기 그지없었다.

소떼는 한동안 바라보고 있노라면, 이내 지루해진다. 그 소들이 완벽한 놈, 매력적인 놈, 또는 대단히 성질 좋은 놈일지라도, 그리고 아름다운 태양 빛 아래 있다 할지라도, 지루하기는 마찬가지다.

그렇지만 만일 '보랏빛 소'라면…, 자 이제는 흥미가 당기겠지?

설교는 청중에게 들려야 한다. 모든 설교가 잘 들리는 것은 아니다. 잘 안 들리는 설교의 특징 중 하나가 지루함이다. 설교자에게는 청중이 지루해하지 않을 설교를 할 책임이 있다.

요즘 일부 교인들은 출석하는 교회에 가기 전에 인터넷으로 평소 자신이 좋아하는 다른 교회 목사의 설교를 듣는다고 한다. 더 슬픈 사실은, 목회자의 아내들도 남편의 설교에 은혜를 받지 못해서 다른 목사의 설교를 듣고 예배에 참석하는 경우가 있다는 것이다. 코로나-19로 인해 모든 교회가 온라인으로 예배를 드리면서 이런 일들은 더 많아졌다고 한다.

왜 이런 일들이 생길까? 설교가 지루하기 때문이다. 설교가 지루하다는 말은 다른 말로 설교에 '은혜가 없다'는 말과 같다. 설교에서 지루함은 독이다. 득이 되고자 하는 설교가 오히려 독이 된다면, 설교자는 진지하게 자신의 설교 글을 돌아봐야 한다. 그리고 해결책을 마련해야 한다.

글에 반전을 주라

지루한 설교를 피하려면 어떻게 해야 할까? 지루하지 않은 설교에는 몇 가지 특징이 있다.

① 청중의 삶과 연결되는 적용점이 많다.
② 구성과 글에 반전이 있다.
③ 예수님의 비유법을 활용한다.
④ 깊이 있는 해석이 있다.

⑤ 낯설게 접근한다.

⑥ 명문장 등이 포함되어 글 자체가 좋다.

반전 있는 글은 청중에게 긴장감을 준다. 그러므로 설교자는 글의 구성과 반전을 통해 청중에게 매력적인 설교를 해야 한다.

『안 미쳐서 미친다』고상섭 외, 넥서스CROSS, 2020라는 책 추천사에 이런 부분이 있다.

삶은 언제나 충돌이다.

병아리냐? 달걀이냐?

양육이 먼저냐? 훈련이 먼저냐?

전자도 아니고 후자도 아니다.

미치는 것이 먼저다.

반전의 묘미를 잘 살린 이 글의 백미는 다음 문장이다.

"양육이 먼저냐? 훈련이 먼저냐? 아니다. 미치는 것이 먼저다."

반전 있는 글은 청중의 관심을 끈다. 그렇다면 반전 있는 글을 어떻게 쓸 것인가? 몇 가지 예를 들어 보겠다.

분수

• • •

"어떻게 살 것인가?"

누구나 하는 고민이자 내가 틈날 때마다 던지는 질문이다. 이런 질문을 던지는 이유는 자신의 삶이 화려하길 바라기 때문일 것이다. 화려하면 많은 사람에게 주목을 받고, 초라하면 외면을 당한다. 하지만 정말 화려한 삶은 나를 위한 삶이 아니라 하나님을 위한 삶이다.

하나님을 위한 삶을 사는 사람은 자기 분수를 안다. 자기 분수를 알면 분수를 지키는 것이 아니라 오히려 감춘다. 오로지 하나님 안에서만 자기 분수를 드러낸다.

화려함의 이면에는 자신의 단점을 감추기 위한 처절함이 있다. 나아가 화려함을 추구하는 삶은 양심과 충돌을 일으키기 마련이다. 화려한 삶은 하루하루를 치열하게 사는 사람의 눈총을 받기도 한다.

어릴 적 어른들이 "네 분수를 알고 살아라"라고 말씀하셨다. 자신의 분수를 아는 사람이 많아질수록 주목받는 것은 메이저가 아니라 마이너이다. 복잡함이 아니라 단조로움이다. 단조로움은 변수 없는 삶을 만든다. 단조로움은 변화 없음이 아니라 분수를 알기에 추구하는 삶의 태도이다. 자기 분수를 아는 것 자체가 행복이다. 결국 자기 분수를 알 때 행복이 일상이 된다.

거리 두기

...

코로나-19가 밉다. 인간 사이의 친밀감을 깨뜨렸기 때문이다. 코로나-19 이전에는 행복이 멀리 있지 않고 가까이에 있었다. 하지만 이제 행복은 가까이 있지 않고 멀리 있다고 외친다. 국가 차원에서 '거리 두기'가 시행되고 있기 때문이다.

'내게 너무 가까운 당신'을 만들려고 하면 간격 두기의 강제력이 동원된다. 반대로 '내게 너무 먼 당신'에게는 찬사를 보낸다. 나와 당신의 거리를 만든 코로나-19가 밉다.

하지만 우리는 가끔 예수님과의 관계는 적당히 먼 것이 좋다고 생각하는 것 같다. 적지 않은 그리스도인이 예수님과 적당히 먼 삶이 행복하다고 말한다. 반면 예수님과 너무 가까운 삶은 부담스럽다고 말한다. 코로나-19가 미운 것이 아니라 예수님을 대하는 우리의 믿음이 밉다.

코로나-19 시대를 살면서 명심할 것이 있다. 몸의 거리는 멀어질지라도 마음의 거리는 가까워져야 한다는 것이다. 예수님과의 거리는 더욱 그렇다.

문제는 몸의 거리가 멀어지면 마음의 거리도 멀어진다는 것이다. 거리 두기를 하니 사람을 만나는 것이 두렵다. 사람을 만나는 것이 행복이 아닌 두려움이 되었다.

우리는 기억해야 한다. 거리 두기는 거부감이 되어서는 안 된다. 거리감이 거절감을 가져왔지만, 이런 상황에서도 그리스도인은 달라야 한다.

몸의 거리는 1미터이더라도 마음의 거리는 1센티미터여야 한다. 예수님과의 관계에서는 그 간격을 1밀리미터로 만들어야 한다. 물리적 거리를 공감으로 채워야 한다. 공감을 통해 하나님과, 그리고 주변 사람들과 가까이 소통하는 것이 그리스도인의 삶이기 때문이다.

오스왈드 챔버스의 글

『오스왈드 챔버스의 창세기』토기장이, 2016에는 다음과 같이 반전 있는 글이 나온다.

종교적 광신자는 말씀이 보여 주는 비전을 현실과 연결시키지 못하는 자이다. 반면 온전한 그리스도인은 하나님의 말씀을 그의 삶 속에 나타내는 자이다. 그래서 '나'를 통하여 그 말씀이 드러날 때 바로 그곳에서 하나님의 생각이 실현되는 것이다. 말씀을 붙드는 것은 우리의 믿음이 아니다. 오히려 말씀 안에 있는 생명이 우리를 붙든다. 정확하게 표현한다면, 씨앗은 그 안에 장성한 식물을 포함할 수 없다. 그러나 그 씨앗 안에 내재되어 있는 생명이 밖으로 표출되면서 그 씨앗의 실체를 드러낸다.

반전 있는 설교 글을 설계하라

예전에는 청중이 이런 자세로 설교를 들었다.

"목사님, 설교하세요. 저희가 은혜 안에서 듣도록 노력에 노력을 더하겠습니다. 그리고 은혜 받기 위해 기도로 준비하겠습니다. 일찍 와서 본문을 읽고 오늘 하나님이 주실 메시지를 받기 위해 사모하는 마음으로 앉아 있겠습니다."

하지만 요즘 청중의 자세는 이렇다.

"목사님, 말씀해 보세요. 오늘 무슨 설교를 하실 건가요? 그 말씀이 목사님에게서 나온 말씀이면 좋겠습니다. 남의 설교를 인용하시는 것은 아니죠? 목사님이 얼마나 감동적으로 설교하시는지 평가해 드리겠습니다. 저는 편안한 자세로 앉아 있겠습니다. 저를 설득해 보세요. 한 주간 동안 세상에서 치열하게 살다 보니 웬만한 설교에는 관심도 감동도 없습니다. 그러니 제발, 제가 하나님을 찾을 수 있도록 만들어 주세요. 예배 시간에 제 자리에 조용히 앉아 있을 테니까, 안 듣고는 견딜 수 없는 설교를 들려주세요."

청중의 요구사항이 높아졌다. 그럴 수밖에 없는 것이 기업은 고객의 니즈needs를 찾아 거기에 맞춰 준다. 사물인터넷과 인공지능 시대에 기업은 초개인화를 통해 개인마다 니즈를 파악해 맞춰 준다. 이런 시대에 설교자는 청중을 압도하는 설교를 할 수 있어야 한다.

설교자는 설교를 계획 없이 즉흥적으로 전해서는 안 된다. 철저하게 준비해서 전해야 한다. 글을 쓸 때도 마찬가지다. 완벽하게 설계해서 글을 써야 한다. 특히 반전이 있는 설교를 구성할 때는 더욱 그렇다. 제대로 된 설계를 하지 않으면 반전 있는 글이 써지지 않기 때문이다.

개념으로 쓰라

콘셉트를 연출하라

서울대학교 소비자학과 김난도 교수는 그의 책 『트렌드 코리아 2019』미래의창, 2018에서 2019년도의 첫 번째 트렌드를 다음과 같이 예측했다.

"콘셉트를 연출하라."

당시 그는 책에서 2019년도에는 가성비나 품질보다 콘셉트가 중요할 것이라고 전망했다. 사람들은 직관적인 미학, 순간적인 느낌, 가볍고 헐거운 콘셉트에 빠르게 반응하기 때문이다.

2년여 시간이 흘렀지만 요즘 사람들도 크게 다르지 않다. 가성비나 품질보다 콘셉트를 중시한다. 자신만의 개성 있는 콘셉트와 연출을 중시하는 콘셉러가 늘고 있다. 사람들은 구구절절 설명하는 기승전결의 이야기 구조보다 한눈에 알아볼 수 있는 콘텐츠에 더 열광한다. 디지털 세대는 짧고 재미있는 콘셉트에 반응한다. 콘셉트만 확실하다면 다소 완성도가 떨어지더라도 상관하지 않는다. 사진 한 장을 찍더라도 콘셉트에 살고 콘셉트에 죽는 소비자들이 늘고 있다. 콘셉트가 있어야 진정한 감성 사진이 완성된다고 말한다.

다산북스 세미나에서 인상 깊게 들은 말이 있다. 책을 출간하는 일에서 가장 중요한 것 중 하나가 '어떤 글을 쓸 것인가'에 대한 콘셉트라고 했다. 바야흐로 콘셉트 시대이다.

콘셉트를 설교에 적용하면 '개념'을 활용해 설교하는 것이다. 이제는 설교를 개념으로 해야 하는 시대이다. 개념으로 설교하지 않으면, 특히 젊은 층에게는 '꼰대 설교'로 들리기 십상이다. 훈계가 아니라 톡톡 뛰는 개념을 활용해 그들의 '갬성'

감성이라고 하면 갬성이 느껴지지 않는다고 한다. 감성을 굴려서 발음한 갬성은 감성보다 감각적이고 순간적인 느낌을 표현할 때 쓰인다을 자극해야 한다.

개념을 활용한 글쓰기를 해야 하는 이유

글의 시대에서 영상의 시대로 넘어갔다. 영상의 시대에 맞게 남다른 글을 쓰는 것이 대세가 되었다. 독자들은 이제 평범한 글에는 관심을 기울이지 않는다. 긴 글은 읽지 않는다. 두꺼운 책에는 손길을 건네지 않는다. 그것을 읽을 능력이 없어서가 아니라 읽을 만한 인내심이 없기 때문이다.

콘셉트 시대에는 길이가 생명과도 같다. 『트렌드 코리아 2019』의 "콘셉트를 연출하라"라는 장에는 이런 이야기가 있다.

짧은 길이가 생명인 스낵 콘텐츠의 인기는 웹소설, 웹드라마, 웹예능의 진화로 이어졌다. 이들은 러닝 타임이 9-13분 정도로, 최대 20분을 넘지 않는다. 광고 또한 점점 짧아진다. 직관적으로 핵심만 담아 낸다. 영상 광고의 오랜 관습이었던 15초라는 공식을 깨고 7초 광고, 6초 광고가 이어지더니 급기야 3초짜리 광고도 나왔다. 배달의 민족은 IP TV와 영화관에서 3초짜리 광고를 내보낸다. 카피는 "오늘은 치킨이 땡긴다"가 전부지만 지글지글 기름이 끓는 소리와 함께 갓 튀긴 치킨을 건지는 영상 광고는 3초 만에 시청각을 자극해 식욕을 극대화한다. 동영상 플랫폼인 유튜브에서도 이용자들이 30초짜리 광고도 참지 못하고 건너뛰자 일찌감치 6초 광고를 도입했다.

불과 몇 년 전만 해도 스토리가 있는 설교가 통했다. 설교에 이야기가 있어야 관심을 가졌기 때문이다. 지금은 사람들이 스토리만 있는 설교를 그리 달가워하지 않는다. 그보다는 잘 들리는 개념을 활용한 설교에 관심을 기울인다.

이제는 설교문도 개념으로 써야 한다. 설교자는 개념으로 설교 글을 구성하고 쓰면서 스토리를 사용해야 한다. 그럴 때 동시대를 살아가는 사람들을 설교의 장으로 모을 수 있다.

그렇다면 개념을 활용한 설교 글은 어떻게 쓰는가? 그 예는 아래와 같다.

행복은 접속사이다

• • •

삶은 관계이다. 믿음도 관계이다. 하나님은 관계 속에서 사는 법을 배우는 장소로 가정을 주셨다. 삶이 관계이듯이 행복도 관계이다.

관계에는 특징이 있다. 관계를 맺으면 서로가 행복해진다. 혼자 있으면 외롭다. 외로워지는 순간 불안이 엄습한다. 관계로 접속되지 않으면 현재뿐만 아니라 미래도 불안하다. 그래서 행복은 접속사와 같다. 접속사는 둘 사이를 연결해 준다. 인간과 세상을 연결한다. 인간과 인간을 연결한다. 인간과 하나님을 연결한다.

그리스도인이 우선순위로 접속해야 할 대상은 하나님이다. 인간은 하나님과 플러그 인plug-in 되어야 한다. 하나님 나라에 접속되어야 한다. 그럴 때 생명과 참 기쁨, 영원함이 선물로 다가온다.

2018년 봄에 선한목자교회의 유기성 목사를 인터뷰했다. 그는 매일 하나님과 깊이 접속한다고 말했다. 그 결과 그는 인간적인 행복을 넘어선 주님의 사랑 안에 있다. 누가 보기에도 그는 존경하고 부러워할 만한 사람이다. 많은 그리스도인이 유기성 목사를 닮고 싶은 사람으로 꼽는다. 인터뷰를 하러 갔다가 은혜와 감동을 받고 왔다. 행복한 접속의 시간이었다.

행복은 접속되어야 다가온다. 문제는 무엇과 접속하느냐가 아니다. 누구와 접속하느냐이다. 우리가 접속해야 할 대상은 변덕쟁이 인간이 아니다. 언제나 변치 않으시는 하나님이다. 하나님과 접속할 때 진정한 행복과 연결되기 때문이다.

•••

이 글에서 사용된 개념은 아래와 같다.

① 관계
② 접속

③ '무엇'이 아니라 '누구'

아픔이 스승이다

• • •

누구나 꿈을 꾼다. 뻥 뚫린 인생을 꿈꾼다. 그러나 현실에서 그 꿈은 산산조각난다. 꿈을 빼앗는 요소들이 세상에 가득하기 때문이다.

아파트 값이 폭등했다. 그 결과 내 집 마련의 꿈을 빼앗겨 버렸다. 꿈이 사라지면 다시 꾸면 된다고 말할지 모른다. 하지만 더는 꿈을 꿀 수 없을 것 같은 때가 있다. 꿈이 사라진다 싶으면 곧이어 다가오는 것이 절망이다. 절망을 맞는 순간 거대한 벽 앞에 서는 기분이다. 절망은 고통을 더욱 강화한다.

하지만 고통은 그것으로 끝나지 않는다. 승화된 고통은 언젠가 보상이 되어 다가온다. 욥은 고통을 겪었지만 그것으로 끝나지 않았다. 마침내 원상태로 회복됨은 물론, 갑절의 복으로 일어섰다. 다윗왕은 사울왕에게서 도망 다니며 고통의 세월을 보냈다. 그러나 그 시간은 통일 왕국을 세울 수 있는 디딤돌이 되었다.

고통은 한 단계 도약하기 위한 필수 코스가 된다. 고통으로 인해 하나님을 찾게 되기 때문이다. 고통은 삶의 스승이다. 사람들은 고통을 통해 삶에서 큰 배움을 얻는다. 게다가 배움만으로 그치는 것이 아니다. 고통은 이를 악물게 한다. 정신 차리고 과감하게 한발 내딛도록 한다. 불가능을 가능으로 보는 혜안을 갖게 한다.

대부분의 사람은 고통을 겪으면 어찌할 바를 모른다. 그것은 진정한 고통을 겪어 보지 않았기 때문이다. 진정한 고통을 겪어 본 사람은 당장의 고통을 보지 않고 뒤에 오게 될 기쁨을 바라본다. 고통을 오히려 설렘으로 맞는다. 그러므로 지금 고통 속에 있다면, 오히려 감사해야 한다. 고통은 설레는 순간을 선물로 주시기 위한 하나님의 신호이기 때문이다. 고통은 성공의 스승이다.

• • •

이 글에서 사용된 개념은 아래와 같다.

① 꿈

② 삶의 스승

③ 회복

2단계로 쓰라

설교에 대한 정성이 고수와 하수를 결정한다

고수와 하수 사이에는 여러 차이가 있다. 설교의 고수와 하수에는 '정성'이라는 차이가 있다. 정성은 단순히 마음을 쏟는 것이 아니다. 설교의 가치를 알고 마음을 다하는 것이다.

　종종 설교의 가치를 폄하하는 사람들을 만난다. 그들이 설교의 가치를 폄하하는 이유는 설교에 진을 쏟아 본 경험이 없기 때문이라고 생각한다. 하수는 설교에 별로 관심이 없지만, 고수는 설교에 높은 가치를 둔다. 결국 설교에 얼마나 가치를 두는지에 따라 설교에 정성을 쏟는지 안 쏟는지 차이가 난다.

아트설교연구원에서 자주 하는 말 중 하나가 "설교 준비를 2단계로 하라"는 것이다. 하수들은 설교 준비를 첫 번째 단계만 하고 그친다. 하지만 고수는 두 번째 단계까지 나아간다. 심지어 두 번째 단계를 훨씬 뛰어넘기도 한다.

검은 띠 설교자로 살아가라

태권도 도복 색깔처럼, 나는 설교자를 세 부류로 나눈다. 바로 하얀 띠 설교자와 빨간 띠 설교자, 검은 띠 설교자이다.

먼저, 하얀 띠 설교자는 하수 설교자라고 할 수 있다. 그들은 시간에 쫓겨서 설교를 준비한다. 금요일이나 토요일부터 시작해 주일 아침에 겨우 준비를 마쳐서 허둥지둥 설교한다.

두 번째로, 빨간 띠 설교자는 월요일부터 설교를 준비한다. 목요일까지 설교 원고를 탈고한 뒤, 주일 강단에 설 때까지 원고를 자기 것으로 만든다.

마지막으로, 검은 띠 설교자는 최소한 한 달 전부터 두 단계로 설교를 준비한다. 그들은 1단계에서는 성경 본문에 따른 설교 원고를 쓴다. 2단계에서는 청중 관점에서 설교를 준비한다. 강단에 서기 전 먼저 하나님을 만난다. 설교를 위해서 개인 기도 시간의 3분의 1을 할애한다. 설교 시간에 하나님이 일하실 것과 청중이 하나님을 만날 것을 기대하는 마음으로 설교를 준비하고 강단에 선다. 양심에 한 점 부끄럼 없는 설교자로 살아간다.

설교 글, 2단계로 써라

고故 옥한흠 목사는 설교를 준비할 때 2단계로 했다. 1단계에서는 월요일부터 수요일까지 해석 중심으로 된 설교 글을 완성한다. 2단계에서는 목요일부터 토요일까지 청중의 필요와 고민을 분석해 설교 글을 완성한다.

선한목자교회의 유기성 목사도 2단계로 설교를 준비한다. 월요일부터 수요일까지 설교 글을 완성한 뒤, 목요일에 설교 본문이 동일한 부목사와 설교를 교환하고, 다시 설교 글을 작성해서 설교한다.

아트설교연구원은 회원들에게 2단계로 설교를 준비하도록 가르친다. 주일에 제목을 잡은 뒤 수요일까지는 본문 중심의 설교 글을 완성하라고 한다. 그 다음 목요일부터 청중의 필요를 파악하며 설교 준비를 하라고 한다.

설교를 통해 청중이 하나님의 말씀으로 살아가게 하려면 2단계로 설교를 준비해야 한다. 그렇게 하는 이유는 성경 본문은 물론 청중의 필요까지 충분히 파악한 뒤 설교해야 하기 때문이다.

설교자들은 예수님이 설교하실 때 청중의 생활에 관심을 가지셨음을 기억해야 한다. 이렇게 보면 예수님도 2단계로 설교를 준비하셨다고 볼 수 있다.

설교를 2단계로 준비하는 이유는 한 가지 더 있다. 설교자가 성경 연구는 물론 청중의 마음과 관심사를 파악할 때, 그가 하는 설교는 독백이 아니라 대화가 되기 때문이다. 설교에는 깊이와 넓이가 함께 담겨야 한다. 말씀의 깊이와 청중의 다양성을 담아낼 때 비로소 설교가 완성된다.

삶으로 3단계 설교를 준비하라

설교를 두 단계로 준비한다는 것은 설교 글을 두 번 쓴다는 말이다.

1단계에서는 설교 본문에 충실하게 설교 글을 쓴다. 성경 자체를 연구하고 묵상한다. 여기서는 성경 말씀 본문에서 벗어나지 않는다.

2단계에서는 적용을 중심으로 한 설교 글을 만든다. 곧 본문을 청중의 삶과 연결하며 적용에 주안점을 두는 설교 만들기다.

어떤 설교자가 다음과 같이 질문했다.

"두 단계 중 무엇이 더 중요합니까?"

더 중요한 단계는 없다. 두 단계가 모두 중요하다. 과거에는 1단계가 중요했다면 지금은 2단계가 더 중요하다. 설교는 말씀을 설명해 주는 데서 끝나지 않고, 삶으로의 실천까지 연결되어야 하기 때문이다.

많은 설교자가 1단계로만 설교 글을 만들어 설교한다. 설교 글 작성이 1단계에서 그치면 청중과 연결되지 못한다. 하나님만 분석하고 연구했기 때문이다. 그러면 청중에게는 설교가 자신과 관계없는 뜬구름 잡는 이야기처럼 들린다. 설교자는 반드시 2단계로 설교를 준비해야 한다. 2단계까지 준비해야 설교 글은 비로소 완성된다.

2단계에서는 적용에 신경을 써야 한다. 그래야 말씀이 청중의 삶과 밀접하게 연결된다. 청중이 설교를 듣고 '이 설교는 내게 딱 맞는 설교야!', '목사님이 내 마음을 어떻게 아시지?'라는 생각이 들도록 해야 한다. 하나님은 청중이 말씀 안에서 말씀으로 변화되길 바라신다. 변화는 잘 들리는 설교를 통해서만 가능하다.

여기에 한 가지 더 보태면, 삶으로 설교를 준비해야 한다. 준비하는 설교가 설교자의 삶에 녹아들어야 한다. 설교자의 삶을 설교로 뽑아내야 한다. 그렇지 않으면 청중은 변화받기를 거부한다. 설교자는 이렇게 3단계에 걸쳐 설교를 준비하면서 예수 그리스도를 삶으로 재현해 내는 사람이 되어야 한다.

Ⅱ.
성경
저자들의
글쓰기

1
성경 저자들은 작가이다

성경 저자들은 모두 작가이다

신학을 공부하면서 성경 저자는 하나님 한 분이라고 배웠다. 맞다. 성경 저자는 하나님 한 분이시다. 각 저자들이 하나님의 감동으로 썼기 때문이다. 성경에 대해 말할 때마다 언급되는 구절이 디모데후서 3장 16절이다.

"모든 성경은 하나님의 감동으로 된 것으로 교훈과 책망과 바르게 함과 의로 교육하기에 유익하니."

성경은 하나님의 영감을 받은 사람들이 적은 글을 모은 책이다. 여기서 '영감을 받았다'라는 말이 중요하다. '성령의 영감을 받았다'라는 것은 하나님이 사람을 통해 그분의 생각을 기록하도록 인도하신 것을 뜻한다. 성령에 의해 영감을 받았기에 성경은 '하나님의 말씀'이다.

성경 저자들은 성령께 감동을 받아 성경을 쓴 작가들이다. 성경 저자들이 작가라는 사실은 지금의 설교자들에게 주는 의미가 크다.

성경의 작가는 하나님이시고 동시에 인간이다

성경은 하나님의 말씀이다. 이 말씀을 성경 작가들이 1,600년이 넘는 기간에 걸쳐 기록했다. 기록에 참여한 사람들은 무려 40여 명에 이른다. 그 중 성경을 가장 많이 기록한 사람이 바울이다. 바울은 신약 성경을 무려 13권이나 집필했다. 하지만 성경 집필의 주도권은 하나님이 쥐셨다. 하나님이 성경 작가들이 오류 없이 기록하도록 하셨다. 작가인 성령 하나님이 총지휘하면서 각 작가들을 감동해서 기록하게 하셨다.

결국 성경은 하나님과 작가 40여 명에 의해 탄생했다. 성경은 그래서 다른 책들과는 차원이 다르다.

설교자들은 하나님과 성경 작가들처럼 자기의 글을 써야 한다. 이것이 하나님이 이 시대의 설교자에게 바라시는 것이다.

성경 저자의 직업은 다양하다

성경을 기록한 사람들은 서로 다른 시대에 살았다. 구약 시대에 산 사람도 있고 신약 시대에 산 사람도 있다.

어떤 책도 저자가 시대마다 다른 책은 없다. 이런 책은 세상에 오직 성경뿐이다. 다른 책들은 공저일지라도 대부분 동시대에 기록된다. 하지만 성경은 한 책이지만 시대가 다른 저자들에 의해 쓰였다.

신학에서는 이 성경 저자들을 '성경 기자'라고 부른다. 성경 기자들은 서로 다른 시기에 살았을 뿐 아니라 나이도 직업군도 모두 다르다. 의사와 율법 학자, 농부, 어부, 목자, 예언자, 재판관, 왕, 사도, 세리 등이 그들이다. 교육을 많이 받은 사람도 있고, 아예 많이 받지 못한 사람도 있다. 그럴지라도 하나님은 성경 저자들의 개인적 특성을 활용해 다양한 관점에서 성경을 기록하게 하셨다.

성경 저자들은 문학적 재주가 뛰어났다

다양한 직업군과 학력을 가졌지만 성경 저자들에게는 공통점이 있다. 바로 문학적인 재주가 뛰어났다는 점이다. 당시 글을 쓸 줄 안다는 것은 문학적인 재주가 있다는 뜻이었다.

하나님은 문학적인 은사가 있는 저자들에게 성령의 감동을 따라 성경을 기록하게 하셨다. 놀라운 것은 다양한 직업군의 사람들이 기록했음에도 불구하고 성경에 통일성이 있다는 점이다. 성경은 하나님의 언약과 관련된 내용으로, 처음부터 끝까지 통일성을 이룬다.

성경은 한 권의 문서로 되어 있지 않다. 주전 1천 년경으로부터 주후 2세기에 이르는 동안 기록된, 저자와 내용과 형식과 부피가 다른 책 66권의 묶음이다. 이런 책들이 한 가지 주제로 통일성을 이루고 있다는 것은 매우 놀랍다. 성경은 세상 어디에도 없는 책이다. 많은 경우, 작가가 선천적으로 재능을 타고나지만 후천적인 경우도 있다. 성경 저자의 경우는 대부분 후천적이라 할 수 있다. 그들이 모두 하나님을 만나고 나서야 성경을 기록했기 때문이다.

미학의 대가였던 주광첸朱光潛은 그의 책『아름다움이란 무엇인가』쌤앤파커스, 2018에서 이렇게 말했다.

위대한 발명과 작품은 반드시 엄청난 노력의 산물임에 분명하다. 철학의 칸트, 과학의 뉴턴, 조각과 회화의 미켈란젤로, 음악의 베토벤, 서예의 왕희지, 시문의 두보, 이들은 모두 노력의 중요성을 입증해 준 인물들이다.

작가들은 문학적인 능력이 뛰어나다. 그리고 그 능력을 후천적인 노력을 통해서 완성해 나간다.

작가들이 후천적인 노력을 통해서 능력을 완성해 나간다면, 설교자들도 신학에 입문하는 순간부터 문학적인 능력을 키워야 한다. 즉, 설교 글을 쓰는 능력을 키워 나가야 한다.

세상에는 엄청난 책이 쏟아져 나온다. 불과 얼마 전까지만 해도 이렇게까지 책이 많이 출간되지는 않았다. 2000년도 즈음에는 작가 부족으로 출판사에서 작가를 모시기에 애를 먹었다고 한다. 그러나 이제는 작가가 넘쳐난다. 그것은 출간 종수가 증가하는 것을 통해 알 수 있다. 2007년의 출간 종수는 4만 1,094권이었다. 2011년에는 4만 4,036권, 2018년에는 6만 3,496권이 출간되었다. 2019년에는 국내에서 출판된 신간 도서가 6만 5,432권에 육박했다.

이런 시대에 설교자는 당연히 글을 쓸 줄 알아야 한다. 직접 책을 출간할 수도 있어야 한다.

2007년도 출간 도서 중에서 종교 서적은 2006년도보다 -54.2퍼센트로 절반 이상 감소했다. 2019년도에 역사0.9%, 예술0.3%, 문학1.7% 등은 증가한 반면, 종교는 -19.7퍼센트로 가장 많이 줄었다. 그 이유는 설교자들이 독서를 하지 않기 때문이다. 책을 읽지 않으니 글을 쓰겠다는 생각을 할 수 없다. 서점을 10년 이상 다니면서 체감하는 것은 기독교 신간이 줄고 있다는 것이다. 특히 설교집 출간의 감소가 두드러진다.

설교자도 작가여야 한다

『설교는 글쓰기다』에서 나는 "설교자는 작가여야 한다"라고 주장했다. 그렇다. 설교자는 작가이다. 작가란 사전적 용어로 문학 작품과 사진, 그림, 조각 따위의 예술품을 창작하는 사람, 즉 책과 연극, 영화, 방송, 만화를 위해 글을 쓰는 사람이다.

설교자는 작가여야 한다. 작가 수준으로 글을 쓸 줄 알아야 한다. 하지만 설교자들에게 설교 글쓰기를 10년 넘게 가르친 경험에 따르면, 설교자가 작가라고 인지하는 사람조차 만나기 힘들다.

설교자는 작가 수준으로 글을 쓰도록 노력해야 한다

어떤 것이든 자격을 갖추려면 그에 따른 노력이 뒤따라야 한다. 자신의 설교를 통해 청중이 하나님을 만날 수 있게 하려면 설교자는 부단히 노력해야 한다.

독서에 대한 절박함을 담아 『이기는 독서』바른북스, 2018라는 책을 썼다. 절박함으로 책을 읽어야 설교자로 살 수 있다고 생각했기 때문이다. 또한 그리스도인들이 책을 읽었으면 하는 애타는 마음으로 『독서꽝에서 독서광으로』목양, 2020를 썼다.

설교자는 글을 잘 쓸 수 있는 수준에 이르기 위해 노력에 노력을 기울여야 한다. 앞서 언급한 주광첸의 책 『아름다움이란 무엇인가』에서 그는 그림을 그릴 때도 도중에 포기하지 않고 노력해야 한다고 말한다.

억지로 그리려 한다면 머릿속의 느낌과 생각이 그림에 제대로 표현될 리 없다. 직선을 그리려 하는데 삐뚤삐뚤 제멋대로 그어지는 선을 보라. 내 손이 내 말을 듣지 않는다. 그렇다면 손이 마음에 따라 움직이게 하고 감상하고자 하는 느낌과 생각대로 근육을 조정할 수 있다면, 그래서 마음속의 이미지를 종이 또는 돌 위에 표현할 수 있다면 예술 창작을 할 수 있는 것이 아닌가? 하지만 이러한 능력은 타고나는 것이 아니라 시간과 노력을 들여 배우고 익혀야 한다.

설교자도 주광첸의 말처럼 멋진 글을 쓸 수 있을 때까지 부단히 노력해야 하는 것이 당연하다. 이런 과정을 거치지 않으면 작가 수준으로 글을 쓸 수 없다.

제4차 산업혁명 시대이자 문학문화 시대인 21세기의 설교자들은 더욱 그래야 한다. 지금이야말로 설교 글이 문학적이어야 복음에 큰 효과가 나타나는 시대이기 때문이다.

작가 수준으로 글을 쓰려면 남다른 노력을 기울여야 한다. 나이가 들어 글을 쓰기 시작하는 것을 감안하여 최소한 3년 이상은 글쓰기 교육을 받아야 한다. 아니 10년 정도는 글을 쓸 생각을 해야 한다. 여기서 그치면 안 된다. 설교자는 평생 글을 써야 하는 사람이다. 계속 강조했듯이, 단순히 글을 쓰는 것이 아니라 작가 수준으로 써야 한다. 그렇게 하지 못하면 한국 교회는 점점 변방으로 몰릴 것이 확실하다.

성경 저자들은 글을 통해 구약 시대는 구약의 시대에 맞게, 예수님 시대는 예수님의 시대에 맞게 사람들에게 예수님을 전했다. 이제는 우리의 몫이 남아 있다. 우리 역시 좋은 글을 통해 예수님을 전할 책임이 있다.

2
모세오경의 작가,
모세

학자와 작가와 설교자는 다르다

얼마 전 SNS에서 미국 UCLA 아시아언어문화학과에서 주로 동아시아 기독교사와 한국 기독교사를 가르치고 있는 옥성득 부교수의 글을 읽었다. 글의 제목은 "학자와 작가와 설교가" 였다. 그는 자신이 쓴 글에서 학자와 작가와 설교자는 다르다고 주장했다.

청중을 기준으로 학자는 논문이나 책을 검토하는 교수 세 명을 만족시키면 된다. 작가는 그 책을 사 줄 일반 대중을 염두에 두고 소통에 신경을 쓴다. 독자의 가려운 곳을 긁어 준다. 학자가 쓴 책이 많이 안 팔리는 이유는 청중과의 소통 기술이 부족하기 때문이다. 설교자는 청중인 교인의 삶을 위로하고 변화시키는 자리까지 가야 하므로 말과 삶이 일치해야 한다. 공부하고 소통하는 수준을 넘어 삶으로 보여 주어야 한다. 그래서 나는 중3 때 막연하게나마 설교자는 못 되겠구나 알아챘다. 시골에는 삶으로 설교하는 좋은 목사님이 많기 때문이다. 학자의 성공이 논문과 학술서 출판에 있다면, 작가의 성공이 책 판매 부수에 있다면, 목사의 성공은 성도의 변화에 있다.

이 글은 설교자에게 삶이 어느 정도로 중요한가를 보여 준다.

설교자에게 삶은 매우 중요하다. 설교자가 강단에서 한 말이 삶으로 연결되어야 하기 때문이다. 설교자는 말로 글을 쓰는 사람이 아니라 삶으로 글을 쓰는 사람이다. 따라서 삶이 담긴 사고력과 어휘를 사용해 글을 써야 한다.

삶을 글로 표현하기는 그리 간단치 않다. 하지만 설교자는 그렇게 해야 한다. 그러려면 남다른 삶을 살아야 한다. 세상과 구별되는 삶을 살아야 한다. 그 전에 한 가지 전제되어야 할 것이 있다. 먼저 설교 글을 쓸 줄 알아야 한다. 글 없이 설교할 수 없기 때문이다. 말로 설교하는 자가 아니라 말을 할 수 있도록 준비한 글로 설교해야 하기 때문이다.

모세는 학자이자 설교자였다

예수님은 작가셨다. 마찬가지로 모세도 작가였다. 삶을 그림으로 그려 낸 작가였다. 동시에 하나님께 이끌려 자신이 겪은 이야기를 글로 그려 낸 작가였다.

모세는 학자이자 작가이며 설교자였다. 그런 그를 하나님은 영적 지도자로 부르셨다. 그 부르심을 받은 뒤 모세는 죽을 때까지 모세오경을 기록했다. 모세는 신명기를 통해 하나님의 법을 청중에게 전했다. 신명기는 율법의 반복이다. 훗날 유대인들은 이 책을 '훈계의 책'이라고 불렀다. 모세는 또한 레위기를 통해 각종 제사 등 제의를 정리한 학자이자 그것을 글로 풀어 낸 작가였다.

모세는 명 설교자였다. 그는 시시때때로 하나님의 뜻을 설교했다. 그 설교는 하나님이 하신 말씀과 다를 바가 없었다. 신명기는 모세가 모압 평지에서 백성에게 한 마지막 설교이다. 이 설교는 이스라엘 사람들의 삶의 근간이 되었다.

위대한 설교자 모세는 출애굽을 이끈 위대한 지도자로서의 자격을 충분히 보여 주었다.

모세는 고전 작가였다

성경을 '고전 중의 고전'이라고 한다. 성경이 세계적인 베스트셀러라는 것은 누구나 아는 사실이다. 2010년 기준으로 통산 25억에서 60억 부 정도가 판매된 것으로 추정된다. 유명한 판타지 문학 〈해리포터 시리즈〉는 이에 훨씬 못 미친 4억 부에 불과하다. 프랑스의 비행사이자 작가인 생텍쥐페리Antoine de Saint-Exupéry의 『어린 왕자』는 2억 부가 팔렸다.

모세오경은 성경 중에서도 가장 오래된 책이다. 출애굽이 주전 1446년에 시작된 것을 고려하면, 모세오경의 기록 연대를 주전 1406년 이전으로 추정할 수 있다.

철학자 카를 야스퍼스Karl Jaspers는 '기축 시대'Axial Age라는 말을 했다. 기축 시대란 인류가 정신적 혁명을 불러일으켜 인류 역사 발전의 중심축이자 중요한 전환점이 된, 주전 800년에서 200년 사이를 뜻한다. 소크라테스Socrates와 플라톤Plato, 공자孔子, 이사야 등이 이 시기와 맞물려 활동했다. 모세오경은 기축 시대에 출간된 책과 비교해도 결코 뒤쳐지지 않는다. 그런 이유로 모세는 고전 작가 중에서도 뛰어난 작가라 할 수 있다.

고전에는 서양 고전과 동양 고전이 있다. 그리스의 희곡 작가 에우리피데스Euripides가 쓴 『에우리피데스 비극』, 호메로스

Homeros의 위대한 서사시인『오디세이아』나『일리아스』등이 대표적인 서양 고전이다. 동양 고전에는 공자의『논어』, 맹자孟子의『맹자』, 주자朱子의『대학』, 자사子思의『중용』, 노자老子의『도덕경』등이 있다. 동양 고전은 보통 '사서삼경'四書三經으로 대표된다.

독서가들은 고전을 많이 읽으라고 권한다. 고전이 생각하는 힘을 길러 주기 때문이다. 몇 년 전 송파문화원에서『논어 강설』을 배운 적이 있다. 20여 명 정도가 함께 강의를 들었는데 그 중 절반이 초등학생이었다. 대부분 스스로 왔다기보다는 엄마 손에 이끌려서 온 것 같았다. 자녀들의 인성과 생각하는 힘을 키워 주기 위해 논어를 배우게 한 것이다. 내가 어릴 적에는 책이 없어서 고전을 읽기 힘들었는데, 요즘 아이들은 부모의 손에 이끌려 고전을 배우러 다닌다는 것에 격세지감隔世之感을 느꼈다.

고전의 저자들은 사상가들이다. '인간은 왜 사는가'와 '어떻게 살아야 하는가'에 대한 답을 주기 때문이다. 이 세상 최고의 고전은 성경이며, 그 중 가장 오래된 책이 모세오경이다. 많은 그리스도인은 모세오경을 읽으면서 경외심을 느끼고, 인간과 삶에 대한 심오한 진리를 깨닫는다.

3

시와 지혜서, 아름다운 노랫말의 작가,
다윗과 솔로몬

다윗, 유일무이한 시인

다윗의 시를 읽을 때마다 드는 생각이 있다.

'이 시를 진짜 다윗이 썼다니!'

시편은 최고의 작품집이다. 다윗은 시인이다. 모두가 알고 있듯이 다윗은 평범한 목동이었다. 그런 그가 이런 수준의 시를 쓸 수 있다는 사실이 쉽게 믿기지 않는다.

당시에는 책도 거의 없었다. 모세오경 등의 율법들을 구전으로만 전해 들었을 것이 틀림없다. 유추해 보건데, 그는 양떼를 치면서 하나님과 대자연과 대화하며 시인의 감성을 키웠을 것이다.

다윗이 쓴 시편을 보라. 누구나 시를 쓸 수 있지만 아무나 시인이 될 수는 없다. 요즘에도 시인으로 등단하기가 쉽지 않다. 등단했다고 다 시인으로 불러 주지도 않는다.

책이 출간되었을 때 인정받는 사람은 극소수이다. 하지만 시인 다윗은 지금까지도 인정받고 있다. 고전 중의 고전인 성경에 나오는 주옥 같은 시를 쓴 다윗은 그때나 지금이나 최고의 시인이다.

탁월한 작가, 솔로몬

다윗은 시편을 썼고, 그의 아들 솔로몬은 잠언과 전도서, 아가서를 썼다. 다윗보다 더 많은 책을 쓴 작가가 솔로몬이다. 솔로몬은 아마도 왕궁에서 교육을 받았기 때문에 많은 책을 쓰기에 충분한 능력이 있었을 것이다.

모세도 애굽에서 최고 교육인 왕궁 교육을 받았기에 모세오경을 쓸 수 있었다. 바울 역시 당대 최고의 율법학자인 가브리엘에게 교육을 받은 경험이 서신서 13편을 쓰는 데 도움을 주었을 것이다.

솔로몬이 탁월한 작가가 된 것은 왕궁 교육 때문만은 아니다. 유다와 북이스라엘에 많은 왕이 있었지만 솔로몬만 성경의 저자가 되었다. 솔로몬이 성경을 쓸 수 있었던 것은 아버지 다윗을 통해 하나님을 어떻게 섬길 것인가를 많이 생각했기 때문이다. 그리고 그 고민 속에서 자신이 할 일을 찾았다. 솔로몬은 그 일이 글을 쓰는 것이라고 생각했다. 왕이라고 다 같은 왕은 아니다. 이스라엘에도 많은 왕이 있었지만 글을 쓴 왕은 소수에 불과하다. 솔로몬은 그 중 한 명이다.

작가는 자기만의 목소리를 낼 수 있어야 한다

글을 쓰려면 자기만의 목소리를 낼 수 있는 지식이 있어야 한다. 거기에 폭넓은 경험도 갖추어야 한다. 다윗과 솔로몬은 자기만의 목소리를 글로 표현할 만한 지적 능력과 경험한 것을 글로 표현할 수 있는 언어적 능력이 있었다.

한양대학교 국문학과 정민 교수는 그의 책『나는 나다』문학과 지성사, 2018에서 "시에는 자기 목소리가 있어야 한다. 그리고 그 것은 점철성금點鐵成金하는 표현의 묘를 통해 전달된다"라고 말했다.

정민 교수는 자기 목소리를 내려면 깨달음이 있어야 한다고 말한다. 나아가 학식이 내면에 쌓여서 문장이 밖으로 드러난다고 말한다.

다윗과 솔로몬은 자기 목소리를 문장으로 표현할 능력을 충분히 갖추었다. 많은 설교자가 카피copy 설교를 하는 것은 자기만의 목소리를 낼만한 능력이 없기 때문이라고 해도 과언이 아니다.

글로 남겨야 영향력이 커진다

[1]복 있는 사람은 악인들의 꾀를 따르지 아니하며 죄인들의 길에 서지 아니하며 오만한 자들의 자리에 앉지 아니하고 [2]오직 여호와의 율법을 즐거워하여 그의 율법을 주야로 묵상하는도다 [3]그는 시냇가에 심은 나무가 철을 따라 열매를 맺으며 그 잎사귀가 마르지 아니함 같으니 그가 하는 모든 일이 다 형통하리로다 [4]악인들은 그렇지 아니함이여 오직 바람에 나는 겨와 같도다 [5]그러므로 악인들은 심판을 견디지 못하며 죄인들이 의인들의 모임에 들지 못하리로다 [6]무릇 의인들의 길은 여호와께서 인정하시나 악인들의 길은 망하리로다. 시 1:1-6

[1]여호와는 나의 목자시니 내게 부족함이 없으리로다 [2]그가 나를 푸른 풀밭에 누이시며 쉴 만한 물 가로 인도하시는도다 [3]내 영혼

을 소생시키시고 자기 이름을 위하여 의의 길로 인도하시는도다 [4]내가 사망의 음침한 골짜기로 다닐지라도 해를 두려워하지 않을 것은 주께서 나와 함께 하심이라 주의 지팡이와 막대기가 나를 안위하시나이다 [5]주께서 내 원수의 목전에서 내게 상을 차려 주시고 기름을 내 머리에 부으셨으니 내 잔이 넘치나이다 [6]내 평생에 선하심과 인자하심이 반드시 나를 따르리니 내가 여호와의 집에 영원히 살리로다.시 23:1-6

시편 1편과 23편은 내가 좋아하는 성경 구절이다. 이 시들을 읽을 때마다 하나님을 만나고, 시를 통해 만난 하나님을 깊이 묵상한다.

이것이 글이 주는 영향력이고 작가가 주는 영향력이다. 우리가 다윗과 솔로몬 같은 성경 작가의 글을 읽고 하나님을 만나듯, 설교자는 자신의 설교를 통해 청중이 하나님을 만나도록 안내해야 한다.

설교자의 영향력은 남다르다. 그 남다른 영향력이 말에서 그치지 않도록 글로 남겨야 한다. 베스트셀러로 남겨야 한다. 그럴 때 복음의 영향력은 세상에서 더욱 커져 간다.

4
서신서의 작가,
바울

책에는 상상 이상의 위력이 있다

어떤 사람들은, 성경을 쓴 예수님의 제자들은 당시 평범한 직업을 가진 사람들이었으며, 따라서 유식하지 않았다고 말한다. 하지만 내 생각은 다르다. 그들은 대단한 사람들이다.

바울을 위시한 마태와 베드로, 야고보, 사도 요한 등의 성경 저자들은 당시 1퍼센트 안에 드는 사람들이라 할 수 있다. 러시아계 한국인 박노자 교수는 우리나라 성직자는 한국 사회의 3퍼센트 안에 드는 리더라고 말한다. 한 나라는 1퍼센트의 사람들이 다스린다고 한다. 이런 것에 비추어 볼 때, 작가는 적어도 3퍼센트 안에 드는 사람이라고 추정할 수 있다. 3퍼센트가 아니라 1퍼센트에 근접할지도 모른다. 책은 누구나 쓸 수 있는 것이 아니기 때문이다.

나는 지금 책을 쓰고 있다. 원고를 쓰고 출간하기까지, 그리고 독자들에게 다음 책을 기다린다는 말을 듣기까지 10년 이상의 시간이 필요했다.

책을 낸 뒤, 책의 위력을 느꼈다. 일면식도 없던 사람들에게 전화가 오고 만나자는 메일도 받았다. 여러 단체에서 강의 요청을 받고, 기독교 잡지와 신문사에서 원고 요청도 받았다. 내 책을 읽고 아트설교연구원 모임에 참여하겠다고 하는 사람도 있었다. 전에는 일은 사람이 한다고 생각했다. 하지만 책을 낸 뒤 책이 나보다 훨씬 일을 잘 한다고 인정하고 있다.

많은 그리스도인이 예수님을 믿게 된 결정적인 동기로 성경을 꼽는다. 나는 20대 후반에 "태초에 하나님이 천지를 창조하시니라"^{창 1:1}라는 이 한 구절을 읽다가 하나님을 주님으로 고백했다. 많은 사람이 로마서나 복음서 등을 읽다가 예수님을 인격적으로 만났다고 고백한다. 독자가 책을 통해 저자를 만나듯, 우리는 성경을 통해 하나님을 만난다. 마찬가지로 청중은 설교자가 쓴 글을 통해 하나님을 만날 수 있다.

바울은 문필가였다

바울은 율법 학자였다. 당시 최고 학자인 가브리엘의 문하생이던 바울은 문학과 철학을 철저히 공부했다. 에피쿠로스 철학자와 스토아 철학자와 나눈 예수님의 부활 논쟁에서 이길 정도였다_{행 17:18}.

바울은 위대한 목회자, 신학자, 선교사, 교육가 등 여러 이름으로 소개된다. 그 중 하나가 문필가이다. 바울의 동역자였던 누가도 누가복음과 사도행전을 쓴 문필가였다.

이방인에게 복음을 전한 바울은 작가 중의 작가였다. 그가 쓴 서신 13권은 신약 성경 27권 중 절반에 가깝다. 바울 서신은 네 가지로 분류된다.

① 초기 서신: 데살로니가전서, 데살로니가후서

② 4대 서신_{교리서}: 로마서, 고린도전서, 고린도후서, 갈라디아서

③ 옥중 서신: 에베소서, 빌립보서, 골로새서, 빌레몬서

④ 목회 서신: 디모데전서, 디모데후서, 디도서

바울의 필력은 대단하다. 나는 그 위력을 실감한 적이 있다. 신학교 재학 시절 종암동에서 95번 버스를 타고 학교에 다

녔다. 오가는 내내 버스에서 성경을 읽었다. 당시 몸이 약했기 때문에 흔들리는 버스 안에서 읽다가 쉬다가를 반복했다. 하지만 로마서만큼은 쉬지 않고 읽어 내려갔다. 내려야 할 곳을 잊고 지나칠 정도로 읽고 또 읽었다. 바울이 쓴 서신, 특히 로마서는 나의 마음을 완전히 사로잡았다.

바울이 문필가가 아니었다면 지금의 성경은 없다

누구나 가장 좋아하는 성경 본문이 있다. 세월에 따라 좋아하는 구절이 달라지기도 한다. 내가 지금 좋아하는 성경은 빌립보서이다. '바울이 빌립보서를 쓰지 않았다면'하고 생각하면 아찔할 때가 있다.

바울이 문필가였다는 사실이 나의 삶과 신앙생활을 행복하게 만들어 준다. 하나님이 초대교회의 율법학자인 바울을 왜 강권적으로 사용하셨는가를 종종 생각할 때가 있다. 그 이유는 어쩌면 후대 사람들이 그의 글을 읽고 예수님을 믿게 하려는 원대한 계획 때문이 아니었나 싶다.

구약은 구전으로 전해졌다. 하지만 바울이 활동하던 시대에는 글을 쓸 수 있는 도구가 있었다. 바로 파피루스였다. 바울도 파피루스에 글을 기록해서 남겼다. 우리는 바울이 파피루스에 남긴 성경을 읽고 있다.

중세 최고의 신학자인 아우구스티누스_{Augustinus}와 종교개혁자 마르틴 루터_{Martin Luther}가 나온 것은 바울이 기록한 로마서 때문이었다. 바울이 로마서를 쓰지 않았다면, 루터와 종교개혁은 없었을 것이며 말씀을 강조하는 개신교는 탄생하지 않았을지도 모른다.

바울이 쓴 글 때문에 기독교에서 세계적인 신학자와 설교자들이 나왔다. 그 글을 읽고 연구한 사람들이 세상에 하나님을 뚜렷이 드러냈다. 이 글을 쓰고 있는 나 역시 마찬가지다.

바울의 시대나 지금이나 리더들은 글을 쓸 수 있어야 한다. 글로벌비전교회 문성주 목사는 2014년 10월 2일자 「크리스천투데이」에 연재한 "글로벌 리더는 글쓰기에 주목한다"라는 글에서 미국의 아이비리그에 속한 대학인 하버드나 MIT 대학들이 글쓰기 수업을 중시하는 이유를 다음과 같이 말했다.

"MIT 학생들은 대부분 사회에서 리더로 활동할 것이며, 그들이 리더로 활약할 때 가장 중요한 덕목은 글쓰기가 될 것이기 때문이다."

세계적인 대학들은 글쓰기를 중점적으로 가르친다. 세계적인 리더가 되려면 글쓰기는 필수 요건이기 때문이다. 작가들은 기본적으로 독서광이다. 많이 읽을 뿐 아니라 글 쓰는 것을 그리 힘들어하지 않는다. 어찌 보면 일상이 글쓰기의 연속이다.

바울이 그러했다. 바울에게 글쓰기는 일상이었다. 삶 자체가 글쓰기였다. 그 결과 바울은 성경을 가장 많이 쓴 사도가 되었다. 이제는 우리 차례이다.

하나님은 문필가 바울을 사용하셨다

바울은 율법 학자였다. 당시 율법은 예수님의 복음과 대척점에 있었다. 지금 시대와 비교하면 보수 신학에서 인문학을 인본주의라고 하는 것과 같은 이치라 할 수 있다.

바울은 언어, 고전, 철학 등에 정통한 인문학자였다. 종교개혁가 장 칼뱅Jean Calvin도 인문학자였다. 하나님은 이방인을 잘 이해할 수 있는 인문학 지식을 갖춘 복음 전도자를 찾으셨다. 이방인을 효과적으로 전도하려면 이방 학문에 정통한 사람이어야 했기 때문이다. 하나님이 보시기에 그 일에 가장 적합한 인물이 인문학자 바울이었다. 하나님이 또 보신 것이 있다. 세상과 사람을 설득하는 글을 쓸 줄 아는 능력이었다.

물론 가장 중요한 것은 하나님의 주권적인 선택이다. 하나님이 바울을 이방인의 전도자로 부르신 것은 상황적인 조건 이전에 하나님의 전적인 은혜와 선택의 결과임을 잊어서는 안 된다.

교회에도 바울과 같은 문필가가 절실하다

교회에는 많은 문필가가 있어야 한다. 유능한 문필가는 어려운 문제를 쉽게 풀어내고, 시대를 관통할 수 있는 안목과 능력이 있다.

나는 가끔 이런 말을 듣는다.

"세상과 소통할 책을 쓸 수 있는 글쟁이를 배출해 주세요."

교회를 위한 문필가도 중요하지만 동시에 세상에 하나님을 드러낼 수 있는 문필가가 필요하다. 설교를 통해 설득과 감동으로 하나님을 만나게 할 수 있는 설교자만큼이나, 글로써 세상에 기독교를 변증할 수 있는 문필가 역시 매우 중요하다.

많은 사람이 현대 사회의 흐름에 대해 말하면서 '글의 시대'에서 '영상의 시대'로 넘어왔다고 한다. 그럴지라도 글의 힘은 여전히 막강하다. 영상의 기본은 글로 뒷받침되어야 하기 때문이다.

5

글 쓰는 법,
성경 저자들에게서 배우라

성경 저자들의 글쓰기

설교자는 성경에서 글쓰기 방법을 배워야 한다. 우리는 모두 작가가 아니지만 성경 저자들은 작가이기 때문이다.

성경 저자들은 글을 잘 쓰는 방법을 알고 있었다. 그들은 두괄식으로 글을 썼다. 두괄식이란 하고 싶은 말을 먼저 한 뒤 그 이유를 풀어내는 방법이다. 두괄식으로 글을 쓴 것은 이 방법에 청중이 더 잘 집중한다는 사실을 알았기 때문이다.

성경 해석 위주의 설교는 미괄식 구조에 가깝다. 하지만 임팩트 있는 설교를 하기 위해서는 두괄식이 더 효과적이다.

성경의 첫 책인 창세기는 두괄식으로 쓰였다.

태초에 하나님이 천지를 창조하시니라. 창 1:1

출애굽기도 마찬가지다.

야곱과 함께 각각 자기 가족을 데리고 애굽에 이른 이스라엘 아들들의 이름은 이러하니. 출 1:1

신약성경의 시작인 복음서 역시 두괄식으로 쓰였다.

아브라함과 다윗의 자손 예수 그리스도의 계보라. 마 1:1

하나님의 아들 예수 그리스도의 복음의 시작이라. 막 1:1

우리 중에 이루어진 사실에 대하여 처음부터 목격자와 말씀의 일꾼 된 자들이 전하여 준 그대로 내력을 저술하려고 붓을 든 사람이 많은지라. 눅 1:1-2

작가들의 글쓰기, 두괄식

작가들은 대부분 두괄식으로 글을 쓴다. 글을 많이 쓰다 보면 두괄식으로 쓴 글이 매력적이라는 사실을 자연스럽게 깨닫는다. 베스트셀러 작가들은 첫 문장을 어떻게 쓰는가에 관심이 많다. 그래서 다른 부분보다 첫 문장에 더 오랜 시간을 투자하기도 한다.

유명 작가들이 쓴 책의 첫 문장을 나열해 보면 다음과 같다.

내 아버지는 사형 집행인이었다. -『7년의 밤』(정유정, 은행나무, 2011)

이제 대통령은 그만 팔아먹지! -『강원국의 글쓰기』(강원국, 메디치미디어, 2018)

버려진 섬마다 꽃이 피었다. -『칼의 노래』(김훈, 문학동네, 2012)

아트설교연구원에서 강조하는 조건 중 하나가 두괄식으로 글을 쓰는 것이다. 온라인 서점 알라딘은 책을 소개하면서 첫 문장을 보여 준다. 첫 문장에 그 책의 성격과 색깔이 드러나기 때문이다.

성경 저자들처럼, 일반 작가들처럼 설교자들도 이제는 두괄식으로 글 쓰는 법을 익히고 연습해야 한다.

설교자들의 글쓰기

10년 동안 설교자들의 글쓰기를 가르친 경험에 따르면, 설교자들은 두괄식 글쓰기를 배운 적이 없다. 실제로 설교 글쓰기 자체를 거의 배우지 않는다. 이는 나도 예외가 아니었다.

신학교에서 많이 듣던 말이 '귀납법'과 '연역법'이다. 그 중 마음에 저절로 새겨진 것이 귀납법이다. 특히 성경을 연구할 때 귀납적으로 하라는 말을 귀에 딱지가 붙도록 들었다. 그 결과 귀납법이 설교 글쓰기에도 그대로 적용되었다.

귀납적 성경 연구란 한마디로 결론을 마지막에서 도출하는 것이다. 아래는 귀납법을 설명하는 가장 흔한 예시다.

모든 사람은 죽는다.
소크라테스는 사람이다.
그러므로 소크라테스는 죽는다.

신학교에서 성경을 연구하기 위해 쓰는 방법과 목회 현장에서 설교 글을 쓰는 방법은 다르다. 아니 정반대다. 글은 연역적 방법인 두괄식으로 쓰는 것이 효과적이다.

이런 이유로 설교 글을 배우러 오는 설교자에게 몇 가지 글쓰기 원칙을 이야기해 준다.

① 단문으로 써라.
② 두괄식으로 써라.
③ 한 주제로 써라.
④ 개념으로 써라.

두괄식으로 글을 써야 첫 문장부터 청중의 관심을 끌 수 있다. 문제는 많은 설교자가 미괄식으로 쓰는 것에 너무나도 익숙해져 있다는 것이다.

나의 두괄식 글쓰기

나는 글을 쓸 때 두괄식으로 쓴다. 첫 문장을 쓸 때마다 고심한다. 가장 중요한 부분이기 때문이다. 나의 두괄식 글쓰기는 다음과 같다. 아래 글을 보라.

선순환과 악순환

• • •

삶은 타이밍이다. 타이밍을 맞추지 못하면 우리의 악한 본성으로 인해 삶이 악순환으로 흐를 확률이 높다. 그러므로 선하신 하나님의 뜻을 따를 수 있는 타이밍을 포착하는 능력을 갖추어야 한다.

사람들은 흔히 "세월이 약이다"라고 말한다. 세월이 흐르면 저절로 문제가 해결된다는 뜻이다. 하지만 바로 이런 잘못된 생각이 삶의 악순환을 초래한다. 하나님을 믿을 수 있는 타이밍에 하나님을 믿어야 한다. 선을 행할 타이밍에 선을 행해야 한다. 타이밍을 놓치면, 세월은 약이 아니라 독이 될 수 있다.

예수님의 공생애 3년을 생각해 보라. 예수님은 '새벽 미명에', '밤이 맞도록' 기도하셨다. 구원의 선순환을 이루는 타이밍을 찾기 위해 가장 먼저, 가장 오래 기도하신 것이다.

많은 사람이 '생각'이 중요하다고 말한다. 하지만 인간의 생각보다는 하나님 안에서 말씀을 묵상하고 기도하는 시간이 더 중요하다. 인간의 생각이 중요하다고 여기는 순간 악순환이 시작된다. 말씀 묵상과 기도의 시간이 중요하다고 여기는 순간 선순환이 작동된다. 인간은 악순환을 만드는 데 명수이다. 악순환을 끊고 선순환을 만들기 위해서는 하나님의 말씀이 내 안에 들어와야 한다. 그 방법밖에 없다. 말씀이 내 안에 들어오는 순간 생명의 선순환이 이루어져서 악순환의 고리가 저절로 끊기기 때문이다. 따라서 악순환의 고리를 끊을 수 있는 유일한 방법은 선순환의 타이밍을 잡는 것이다. 말씀이 우리 안에 들어올 수 있는 타이밍을 잘 잡아야 선하신 하나님의 뜻대로 살아갈 수 있다.

· · ·

　사람과 사람이 만날 때 가장 중요한 것은 몇 초밖에 안 되는 첫인상이다. 나쁜 첫인상을 바꾸려면 오랜 시간이 필요하다. 마찬가지로 설교에서도 임팩트 있는 첫 문장이 중요하다. 시작부터 끝까지 청중의 마음을 사로잡는 설교를 전하고 싶다면 두괄식 글쓰기를 연습하고 준비해야 한다.

Ⅲ.
설교 글쓰기의 선행 조건

1
우선, 펼쳐서 읽으라

나와 독서

나는 책을 좋아하는 사람이 아니었다. 그저 학교 공부를 해서 읽었을 뿐이다. 신학을 시작한 뒤에는 성경을 주로 읽고 그때그때 필요한 신학 책들만 조금씩 읽었다. 그 이유는 책이 하나님을 믿는 데 방해가 된다고 생각했기 때문이다.

어머니를 비롯해 주위에서도 목사는 성경만 읽으면 된다고 했다. 단 아내는 달랐다. 되도록 책을 많이 읽으라고 조언해 주었다. 인문학 책도 종종 권했다. 하지만 나는 아내의 말을 흘려들었고 더욱이 인문학 책은 거들떠보지도 않았다.

본격적으로 책 읽기를 시작한 뒤 깨달은 것이 있다. 책은 하나님을 믿는 데 방해가 되는 것이 아니라 엄청난 도움을 준다는 사실이다.

설교자들은 세상에 발을 딛고 사는 청중에게 설교한다. 다양한 청중을 대상으로 설교를 하려면 뭔가 아는 것이 있어야 하고, 책은 그 부분에 많은 도움을 준다.

책에는 세 종류가 있다.

① 하나님의 말씀인 성경

② 하나님을 제대로 설명해 주는 신학 서적

③ 세상을 알게 해 주는 인문학 서적

나는 10년간 성경과 신학 관련 책들만 읽었다. 하지만 이후로 인문학 중심의 책을 읽으면서 내가 우물 안 개구리였다는 사실을 깨달았다. 인문학 책은 하나님과 적이 아니라 하나님을 더욱 잘 드러낸다는 것을 깨달았다.

설교자에게는 세 종류의 책이 필요하다. 설교 본문을 잡게 해 주는 성경, 성경의 내용을 알게 해 주는 신학 책, 청중의 마음과 세상사를 알게 해 주는 인문학 책이다. 이 중 하나라도 빠지면 균형을 잃고 만다.

10년간 5천여 권의 책을 읽으면서 나라는 사람이 많이 바뀌었다. 책을 읽기 전까지, 관계는 오직 하나님과의 관계만으로 충분하다고 생각했다. 분명히 성경은 하나님을 사랑하고 인간을 사랑하라고 말한다. 하지만 나는 하나님을 사랑하는 것이 인간을 사랑하는 것인 줄 알았다. 지금은 하나님을 사랑하는 것은 사람을 사랑하는 것이라고 알고 있다.

목회는 사람을 사랑하는 것으로 시작된다. 설교는 사람을 대상으로 하는 행위다. 그렇다면 하나님과 신학 그리고 사람을 알기 위해서는 세 종류의 책을 모두 읽어야 한다. 책을 읽으면서부터 나는 내가 진정 하나님이 원하시는 균형 있는 사람이 되어 가고 있다고 생각하게 되었다.

아내와 독서

신혼여행을 다녀온 뒤부터 아내는 책과 함께 살았다. 나는 기도와 텔레비전과 함께 살았다. 아내는 책을 읽지 않으면 하루를 보냈다고 생각하지 않았다. 아내에게 책은 삶의 일부였다. 아내는 틈만 나면 책을 읽었다. 결혼 초부터 일주일에 4-5권을 읽었고 지금까지 그 습관대로 살고 있다. 이런 아내였기에 내게 책 좀 읽으라는 말을 자주했다. 그때마다 내가 한 말이 있다.

"목사가 성경만 있으면 되지, 무슨 세상 책을 읽어!"

목사는 성경과 신학 책만 읽어야 한다고 생각했다. 그것이 목사가 할 일이라고 생각했다. 인문학 책을 읽는 것은 목사답지 않다고 생각했다.

그런데 설교를 하면 할수록 문제가 생겼다. 성경적 사고와 어휘에서 벗어날 수가 없었다. 즉 새롭고 낯선 사고를 할 수 없었다. 나의 설교 글쓰기의 토대는 예수님의 비유법으로 한 설교이다. 예수님의 비유법으로 글쓰기를 연구하면서 예수님이 설교에서 일상의 단어를 사용하신 것을 발견하고는 큰 충격을 받았다.

최근 어떤 설교자와 면담을 했다. 그 설교자는 자신의 사고력이 우물 안 개구리인 것 같다고 했다. 어휘력이 부족한 탓에 설교를 준비할 때마다 머리를 쥐어짜도 새로운 단어와 표현이 떠오르지 않아 힘들다고 했다.

본격적으로 설교자로서의 삶을 살기 시작한 뒤, 좁디좁은 사고력과 한계가 분명한 어휘력, 얕은 지식으로는 도저히 설교할 수 없음을 절감했다. 예수님이 요한복음 15장에서 말씀하신 열매 맺는 삶은 불가능한 소망처럼 느껴졌다.

아내는 하루 중 첫 우선순위가 책 읽기였다. 식사 준비를 하면서도 책 읽는 시간을 아쉬워했다. 나는 아내를 도저히 이해할 수가 없었고 가끔 이런 핀잔을 주기도 했다.

"믿음이 없으니 성경보다 책을 더 읽지!"

다른 책을 읽을 시간에 차라리 성경을 더 읽었으면 했다. 하지만 지금은 아내를 충분히 이해한다.

그리스도인이라면 세 종류의 책을 골고루 읽어야 한다. 특히 설교자라면 세 종류의 책을 더 골고루, 더 많이 읽어야 한다.

목사와 독서

목사들은 책 읽는 사람이어야 한다. 일부 목사에게 책이란 한가할 때 펼치는 것에 불과하다. 책 읽기를 그다지 중요하지도 급하지도 않은 일로 여기는 것이다.

신학교 때 머리에 가장 깊이 박힌 단어가 '뇌리 성경 일람표'이다. 당시 설교학을 가르친 박희천 교수님은 성경 읽기의 중요성을 강조하셨다. 자신이 몇 십 년 동안 하루에 4시간 이상 성경을 읽으며 성경 읽기의 본을 손수 보이셨다. 그렇기에 제자들에게 성경 읽기가 곧 설교라는 듯 가르치셨다. 물론 맞는 이야기다. 하지만 그것만으로는 아쉬움이 있다. 성경과 함께 책도 읽어야 한다.

이후 나는 교수님의 가르침대로 성경만 읽었다. 성경만 읽으면 설교도 목회도 다 될 줄 알았다. 교수님처럼 성경을 많이 읽는 것이 꿈이었다.

아트설교연구원을 운영하면서 성경을 잘 아는 설교자들을 꽤 많이 만났다. 그런데 그들의 최대 약점은 설교였다. 성경의 내용을 뇌리 성경 일람표처럼 알았지만 설교는 잘 하지 못했다. 내가 그랬던 것처럼, 성경 읽기와 설교는 별개임을 몰랐기 때문이다.

많은 목사가 성경만 읽으면 능력 있게 사역할 수 있다고 생각한다. 설교를 최고로 잘 할 수 있다고 생각한다. 예전에 설교 모임을 다닌 적이 있다. 그 모임 역시 오직 성경만을 읽으라고 가르쳤다. 결국 교인들이 설교에 문제를 제기하면서 그 모임을 그만 두었다.

목사는 성경을 읽어야 한다. 많이 읽어야 한다. 하지만 그렇게 한다고 누구나 예수님과 바울, 모세가 되는 것은 아니다. 목사에게 성경 읽기는 기본일 뿐이다. 성경 읽기는 우리를 위대한 사람으로 만들기 위한 과정이 아니다. 성경을 읽는 것은 하나님을 바르게 알고 하나님의 말씀대로 살기 위함이다.

다양한 청중에게 설득력 있는 설교를 전하기 위해 목사가 다양한 책을 읽어야 하는 것은 너무도 당연하다.

세 종류의 책으로 균형을 잡으라

신학과 관련 없는 책을 읽으면 믿음 없는 사람으로 여겨질 때가 있다. 인본주의자로 낙인찍히는 경우도 있다.

나는 동료 목사에게 인문학 책을 읽는 것에 대해 부정적인 의견을 들을 때마다 이렇게 기도했다.

"하나님, 저 목사에게도 인문학 책을 읽고 싶은 마음을 주세요. 그리고 인문학 책이 중요하다고 인지할 수 있는 안목을 주세요."

앞에서 말한 것처럼, 목사는 세 종류의 책을 균형 있게 읽어야 한다. 비율로 따지면 3:3:4로, 성경이 3, 신학 책이 3, 인문학 책이 4이다. 이렇게 읽는 이유는 하나님과 소통하고 세상과 소통하기 위함이다. 즉 하나님을 알고 세상을 알아서 하나님의 뜻을 세상에 드러내는 설교자의 사명을 이루기 위함이다. 아트설교연구원 회원에게는 성경은 제외하고 신학 책 2, 인문학 책 8의 비율로 읽으라고 한다. 지금까지 성경과 신학 책만 읽어 왔기 때문이다. 이제부터라도 균형을 잡기 위해 인문학 책을 더 읽어야 한다. 하지만 목사들은 반반 정도로 읽는 듯하다.

균형 잡힌 책 읽기가 필요하다. 하지만 이전에 책 읽는 습관이 먼저 있어야 한다.

적지 않은 나이에 새로운 습관을 들이는 것은 결코 쉽지 않다. 그러나 교회에, 그리고 세상에 살아 있는 하나님의 말씀을 전달할 능력 있는 설교자가 되기 원한다면 지금부터 시작해야 한다. 익숙하지 않은 책 읽기가 내 삶의 새로운 습관이 되도록 해야 한다.

부모가 책을 펼치면 자녀도 책을 펼친다

"자녀들은 부모의 뒷모습을 보고 자란다."

집에서 부모가 책을 펼쳐야 하는 이유이다. 개인적인 경험으로는 아버지가 중요한 것 같다. 나의 경험으로는 아버지가 책을 읽기 시작한 후로 아들이 책을 읽기 시작했다. 많은 아버지가 책 대신 텔레비전 앞에서 산다. 그러면서 자녀들에게는 공부하라고 한다. 목사들이 책을 읽으면 영적 자녀인 교인들이 책을 읽는다. 목사가 책을 읽지 않으면서 교인들이 책을 읽을 것을 기대해서는 안 된다.

목회하고 설교를 하기 위해 독서는 필수이다. 책을 읽지 않고는 목회할 수 없다. 특히 설교를 할 수 없다. 그러므로 목사들은 새벽에 기도하고 말씀을 묵상한 뒤 책을 펼쳐야 한다. 적어도 그때부터 오후 2시까지는 책을 읽어야 한다.

책을 펼치는 순간 인생이 펼쳐진다

하늘에서 떨어질 때 낙하산을 펼치면 생명을 건질 수 있다. 2001년 서해상에서 공군 KF-16D 전투기가 추락했다. 당시 조종사 두 명이 비상 탈출해서 인근을 지나던 민간 어선의 선원들에 의해 구조되었다. 조종사가 살아남은 이유는 낙하산이 펴졌기 때문이다.

설교자들은 책을 펼쳐야 한다. 책을 펼칠 때 인생이 펼쳐진다. 자신의 인생뿐 아니라 교인들의 인생도 펼쳐진다. 설교자가 책을 펼쳐야 하는 이유는 네 가지다.

① 사고력이 목회와 설교의 열쇠이기 때문이다.
② 하나님과 세상을 연결해 주기 때문이다.
③ 자부심으로 살게 해 주기 때문이다.
④ 삶의 보람을 느끼게 해 주기 때문이다.

설교자들은 누구보다 책을 많이 펼쳐야 한다. 책 펼치는 것을 사명으로 알아야 한다. 시간이 많이 필요하지도, 좋은 장소가 필요하지도 않다. 책과 가장 친한 친구처럼 지내겠다는 굳은 결심만 있다면 충분하다.

2
기록하며 읽으라

읽기란 기록하는 것까지이다

설교자들에게 설교 글쓰기를 가르칠 때 종종 받는 질문이 있다.

"목사님은 어떻게 글을 쓰게 되었나요?"

내가 글쓰기를 시작한 동기는 단순했다. 책 읽기를 처음 시작했는데 온통 모르는 내용이었다. 아무것도 모르니 무작정 읽어댔다. 그렇게 읽다 보니 몇 시간만 지나면 다 잊어버렸다. 기억이 오래가지 않자 읽은 내용을 노트에 기록하기 시작했다.

책을 읽다 보면 "읽기란 쓰기까지이다"라는 문장을 종종 만난다. 이 말에 도전을 받고 쓰기를 게을리하지 않았다.

지금도 노트에 읽은 내용을 쓴다. 그렇게 한참이 지나서야 읽기가 쓰기까지라는 말을 통감했다. 읽기는 눈이 아니라 손에서 완성된다. 손으로 쓰는 것이 습관이 되면 비로소 글쓰기가 된다. 나아가 책 쓰기까지 된다.

기록은 기억보다 훨씬 오래 남는다. 나는 아트설교연구원 회원들에게 기록하지 않으면 읽지 않은 것이라고 말한다. 기억만으로는 부족하다. 흔적을 남겨야 한다. 특히 설교자들은 더 열심히 기록해야 한다. 기록으로 남긴 책 읽기의 흔적들은 그 자체로도 의미가 있지만 후에 설교에 활용할 수도 있기 때문이다.

손은 제2의 뇌이다

우리가 읽은 것과 본 것, 경험한 것은 모두 뇌에 저장된다. 읽기만으로는 오랫동안 기억할 수 없다. 하지만 손으로 기록하면 기억에 오래 남는다. 아니 평생 기억된다. 기록된 것을 다시 들춰 보면 되기 때문이다.

읽은 내용을 기록해야 하는 이유가 또 있다. 손은 제2의 뇌이기 때문이다. 뇌보다는 못하지만 뇌를 대체할 수 있는 유일한 것이 손이다.

유명 작가들에게는 읽은 것을 기록으로 남겼다는 공통점이 있다. 신경숙 작가가 학창 시절에 소설을 필사하며 글쓰기 실력을 키운 것은 잘 알려진 일이다.

베껴 쓰기의 중요성을 간파한 송숙희 작가는 『최고의 글쓰기 연습법, 베껴쓰기』대림북스, 2013에서 "베껴 쓰기는 글을 잘 읽고 쓰게 하는 훈련법"이라고 말한다. 그녀는 '백론이 불여일작'百論不如一作이라고 하면서 베껴 쓰기를 하면 문장과 단어를 기억하게 된다고 말한다.

베껴 쓰기는 책을 잘 읽는 방법이다. 또한 글쓰기를 할 수 있도록 만들어 준다. 읽은 책을 오랫동안 기억하려면 기록해야 한다. 뇌를 활성화하고 싶다면 기록해야 한다.

예전에 잠시 실버타운에서 일한 적이 있다. 실버타운의 프로그램 중 하나가 글을 쓰게 하는 것이었다. 글쓰기의 방법으로 어르신들에게 베껴 쓰기를 시켰다. 치매 예방에 탁월한 방법 중 하나가 책 읽기와 글 베껴 쓰기이기 때문이다.

기록은 설교자가 인생 설교를 만들 수 있게 해 준다. 뿐만 아니라 그 기록들은 분명 인생에 한 페이지를 남길 날을 가져다 줄 것이다.

기록한 것만 내 것이다

2018년 11월 24일, 서울 서대문구 충정로 KT 아현 지사의 지하 통신구에 화재가 발생했다. 이 화재로 서울 중구, 마포, 용산 등 도심 일대에서 이틀간 통신 장애가 발생했다. 스마트폰 세대는 큰 혼란에 빠졌다. 인터넷이 끊기니 몹시 불안했다. 통신구 화재로 신용카드 사용이 불가능했기에 대중교통도 이용할 수 없었다. 와이파이가 터지는 동네를 찾아다니는 와이파이 난민까지 생겨났다. 나 역시 그 지역에 있었는데 아내와 종일 통화가 되지 않아 힘들었던 기억이 있다.

더 큰 문제는 휴대전화가 안 되니 그 안에 있는 수많은 정보들이 다 무용지물이었던 것이다. 하지만 이런 상황에서도 문제가 없던 사람들이 있었다. 연락처나 중요한 일정을 따로 기록해 둔 사람들이었다.

통신은 최악의 상황에서는 문명의 이기가 아니라 재앙이다. 모든 기억이 리셋 되기 때문이다. 그러므로 저장과 기록 둘 다 필요하다. 디지털 시대에도 아날로그 방식은 여전히 의미가 있다.

오늘도 무언가를 찾기 위해 인터넷을 뒤졌지만 찾지 못했다. 다시 한번 기록의 중요성을 깨달았다. 설교자는 기록의 힘을 믿어야 한다. 그 기록으로 하나님을 기억하고, 내 인생을 기억해야 한다. 무언가를 온전히 내 것으로 만들려면 기록은 선택이 아니라 필수이다.

읽으면 저절로 기록된다

책을 읽기만 했을 때는 독서가 설교에 별 영향을 주지 못했다. 하지만 언젠가부터 시작한 기록은 습관이 되고 일상이 되어 결국 책을 만들어 냈다.

나의 경험과 회원들의 경험은 동일하다. 책을 읽다 보면 저절로 기록하게 된다는 것이다. 처음 읽기 시작하면서부터 기록하는 경우는 흔치 않다. 하지만 지적 탐구에 대한 갈증이 많아지면 저절로 기록이 삶의 한 부분을 차지한다.

책을 쓰는 것은 어렵다. 하지만 책에서 읽은 글을 기록하기는 쉽다. 조금만 정성을 쏟으면 된다. 기록하면 읽은 책의 내용이 선명해진다. 내 안에 정확한 지식으로 남는 것이다.

남다른 사람은 남다르게 기록한다

아트설교연구원에서는 매주 독서 과제를 낸다. 주어진 과제를 A4 용지 5장 이상의 분량으로 기록해 제출하게 한다. 여러 명이 과제를 제출하는데 내용이 모두 다르다. 기록하고자 하는 내용이 그 사람의 관심도와 지적 능력에 따라 다르기 때문이다.

누구나 남다른 삶을 살고 싶어 한다. 어느 날 한 신학생과 대화를 나누었다. 평범한 삶이 아니라 위대한 삶을 살고 싶다는 그에게 한마디해 주었다.

"기록하는 신학생이 되십시오."

기록은 평범한 사람을 위대한 사람으로 만들어 준다. 이는 내가 경험했기 때문에 확실히 말할 수 있다. 기록하는 과정은 특별하지 않다. 하지만 평범한 기록이 그 사람을 위대한 글쟁이로 만들 것이다.

스페인 출신의 세계적인 화가 파블로 피카소Pablo Ruiz Picasso는 "예술가는 모방하고 위대한 예술가는 훔친다"라고 말했다. 프랑스의 영화감독 장 뤽 고다르Jean Luc Godard는 "어디서 가져왔는가가 중요한 것이 아니라 어디로 가져가는지가 중요하다"라고 말했다.

위대한 남의 글을 훔쳐야 한다. 그럴 때 사람들과 소통하는 작가가 된다. 나는 남의 글을 많이 훔쳤다. 그래서 작가가 될 수 있었다.

나는 『이기는 독서』에서 다른 사람의 글을 필사한 몇 경우를 언급했다.

시골 의사 박경철도 「조선일보」 '이규태 칼럼'을 베껴 쓴 것으로 유명하다. 변호사 이석연도 베껴 쓰고, 다시 쓰고, 고쳐 쓰고, 외우고 무려 4번을 베껴 썼다. 안도현 시인은 시인 지망생들에게 시詩 100편에서 200편을 베껴 쓰라고 가르친다.

숭실대 문예창작학과 남종욱 교수는 베끼되 잘 베끼라고 말한다. 강준만 교수는 『글쓰기가 뭐라고』인물과사상사, 2018에서 "현재의 소생이 생각하는 글쓰기의 최상은 독창이 아니라 잘 '베끼는' 것이다"라고 말했다.

남다른 삶은 남다른 사람의 글을 훔치는 것에서 시작된다. 나도 글 훔치기를 통해 남다른 삶을 살아가려고 노력 중이다.

둔한 기록이 총명한 기억보다 낫다

다산 정약용이 여러 책에서 강조하는 것 중의 하나가 기록의 중요성이다. 그가 남긴 유명한 말이 있다. 바로 '둔필승총' 鈍筆勝聰이다. '둔한 사람의 기록이 총명한 사람의 기억보다 낫다'는 뜻이다.

얼마 전 정문정 작가의 『무례한 사람에게 웃으며 대처하는 법』가나출판사, 2018을 읽고 그 내용을 노트에 두 페이지 이상 기록 했다. 몇 시간 뒤 글을 쓸 때는 기록을 뒤적일 필요가 없었다. 기록하면서 머릿속에 새겨졌기 때문이다.

나는 글쓰기 실력이 향상 되지 않는 아트설교연구원 회원들에게 읽은 책을 일주일에 몇 권씩 6개월 정도 베껴 쓰라고 권한다. 그러면 6개월 후에는 믿을 수 없을 만큼 발전한 모습을 보인다. 예전과 달리 글 쓰는 것을 힘들어하지 않고, 지적 능력도 많이 향상된 것을 확인할 수 있다.

많은 사람이 나의 기록 노트를 궁금해한다. 나는 설교를 준비할 때 기록 노트를 활용하고, 쓴 글들을 모아 책을 내기도 한다. 계속해서 숫자가 늘어나는 노트들이 이제는 보물 상자가 되었다. 읽는 과정 자체도 중요하지만, 필요할 때 그 내용을 꺼내 사용할 수 있는 것 또한 매우 중요하다. 읽은 내용을 영원히 내 안에 남기고 싶다면 지금부터 기록을 시작해야 한다.

3
생생하게 받아 적으라

글쓰기를 배우는 4단계

21세기에는 문맹만 있지 않고, 컴맹과 미디어맹까지 있다고 한다. 나는 여기에 한 가지 더 보태야 한다고 생각한다. '쓰기 맹'이다. 21세기에는 글을 쓸 줄 알아야 한다. 글을 쓸 줄 모르면 SNS와 미디어 시대를 따라갈 수 없다.

글을 써야 한다. 글을 쓰되 어렵게 쓰는 것이 아니라 쉽게 써야 한다. 쉽게 쓸 때 독자층이 형성된다.

나는 『이기는 독서』에서 글쓰기를 배우는 4단계를 이야기했다. 그 4단계는 다음과 같다.

① 베껴 쓰기

② 바꿔 쓰기

③ 글쓰기

④ 책 쓰기

SNS 시대, 미디어 시대는 소통이 얼마나 중요한가를 말해준다. 글을 쓰는 것도 소통하기 위함이다. 설교도 청중이 하나님과 소통하도록 하기 위함이다.

글을 쓰는 최종 목적은 책 쓰기다. 아트설교연구원 회원들은 글쓰기를 어느 정도 하면 책을 쓰고 싶다고 말한다. 문제는 글쓰기를 한다고 모두 책을 쓸 수 있는 것은 아니라는 사실이다.

다른 사람의 책을 베껴 쓰다 보면 나의 글을 쓸 수 있다. 나의 글을 많이 쓰다 보면 책을 쓸 수 있게 된다. 한 권의 책으로 독자들의 사랑을 받기란 쉽지 않다. 어느 출판사의 편집자에게 들은 바로는, 책을 세 권 정도 쓰면 그 다음부터 잘 쓸 수 있다고 한다. 당장 내 글이 책으로 만들어지지 않더라도, 설교자는 글쓰기를 멈추지 말아야 한다.

설교를 녹취하라

설교자의 숙제는 설교를 통해 청중이 하나님을 만난 기쁨으로 세상을 살게 하는 것이다. 문제는 글을 쓸 줄 알아야 들리는 설교가 가능하다는 것이다.

들리는 설교를 하기 위해 가장 먼저 할 것이 있다. 바로 설교 녹취다. 이는 읽은 책 베껴 쓰기와 같은 원리다.

아트설교연구원 회원들이 설교에 대한 고민을 할 때마다 내가 내놓는 처방은 단순하다.

"여러분이 좋아하는 설교자의 설교를 6개월 이상 녹취하십시오."

설교를 배우는 첫 번째 단계는 자신이 배우고 싶은 설교자의 설교를 녹취하는 것이다. 이는 동시에 설교 글쓰기의 첫 번째 단계이기도 하다.

글쓰기를 배우려면 좋은 글을 베껴 써야 하는 것처럼, 설교를 배우려면 닮고 싶은 설교자의 설교를 녹취해야 한다.

베껴 쓰기와 녹취는 조금 다르다. 기록은 무의식적으로도 어느 정도 할 수 있지만, 녹취는 정신을 집중해야만 가능하다. 녹취는 한 번 듣는 것으로는 쉽지 않다. 때로는 여러 번 듣기를 반복해야 한다. 나의 경우는 세 번에서 다섯 번 정도 들어야 할 때가 많다.

최근에 한 신학생이 설교 녹취를 A4 용지로 3천 페이지나 했다는 말을 들었다. 대단한 일이다. 설교 녹취는 설교 실력뿐 아니라 글쓰기 실력도 높여 준다.

설교 녹취에 초집중하라

설교자가 설교를 잘 하려면 책 읽기와 설교 녹취하기에 그쳐서는 안 된다. 자기 설교 분석하기, 설교 글쓰기까지 가야 한다.

먼저 닮고 싶은 설교자의 설교를 녹취하고 분석한다. 이 과정에서 자신에게 부족한 점을 발견할 수 있다. 그리고 자신의 설교를 분석한 뒤 장단점을 보완하여 보다 완성도 있는 설교 글을 쓰는 것이다. 설교를 분석하는 방법에 대해서는 나의 책 『설교를 통해 배운다』를 통해 도움을 받을 수 있다.

설교를 녹취할 때 한 가지 명심할 점이 있다. 녹취가 녹취에서 그쳐서는 안 된다. 녹취를 통해 설교를 배워야 한다. 그러려면 녹취에 심혈을 기울여 집중해야 한다.

그런데 더 중요한 것이 있다. 한 사람의 설교를 집중적으로 녹취하는 것이다. 한 설교자를 충분히 연구한 뒤, 설교자의 설교를 녹취하는 것이 이상적이다.

한 설교자를 녹취할 때는 일주일에 세 개 이상씩 6개월 정도 할 것을 권한다. 그 이상 하면 더욱 좋다. 이렇게 할 때 설교 녹취의 효과를 얻을 수 있다.

잠꼬대할 정도로 해야 한다

내가 좋아하는 사람은 절박한 사람이다. 절박한 사람이 아니면 미치지 않기 때문이다. 어떤 것이든 취미 삼아 하면 실력이 늘지 않는다. 당구나 바둑에 빠진 사람은 잠자리에서도 당구를 치고 바둑을 둔다. 틈만 나면 녹취하는 사람은 자면서도 녹취하는 꿈을 꾼다. 나는 녹취를 할 때 일주일 내내 했다. 오직 녹취밖에 할 일이 없는 사람처럼 그것에 매달릴 때 설교가 조금씩 나아지는 것을 경험했다. 이 정도로 해야 다른 설교자의 설교를 파악하고 배울 수 있다.

아트설교연구원 회원 중 몇 명이 일주일에 3회 이상, 6개월 정도 녹취한 결과 설교에서 큰 변화가 나타났다. 다른 설교자의 설교를 녹취하되 취미 삼아 해서는 안 된다. 밤에 자면서 잠꼬대할 정도로 해야 한다. 그러면 기대한 것 이상의 효과를 볼 수 있다.

끝을 보라

나는 "남의 글이 보일 때까지 책을 읽으라"라는 말을 자주 한다. 즉 임계점까지 책을 읽어야 한다는 뜻이다. 독서를 3년쯤 했을 당시, 천 권 이상의 책을 읽었지만 다른 사람의 글에서 장단점이 보이지 않았다. 그러던 어느 토요일, 옥한흠 목사의 설교집을 읽는데 그분의 설교가 왜 좋은지 눈에 들어왔다. 전에는 다른 설교자들이 모두 좋다고 하니 좋은 줄만 알았다. 하지만 왜 좋은지, 어떤 점이 좋은지 그때서야 선명하게 알게 되었다. 그때 느낀 행복과 감격을 지금도 잊을 수 없다. 남몰래 눈물을 훔치며 책을 읽을 정도였다. 글이 좋은 이유가 보이는 것에 감격해 하나님께 감사의 기도도 드렸다.

녹취도 마찬가지다. 설교자의 글이 내 눈에 보이거나 들릴 때까지 녹취해야 한다. 다른 것도 그렇겠지만 녹취도 뚫릴 때까지 해야 한다. 끝이 보인다는 생각이 들 때까지 할 것을 권한다. 우물을 팔 때 끝까지 파야 물이 나온다. 녹취를 할 때도 그 설교자의 설교가 눈에 들어올 때까지 해야 한다.

나만의 것을 버려서는 안 된다

아무리 좋은 것이라도 단점은 있다. 녹취도 마찬가지다. 녹취의 장점은 빨리 다른 사람의 설교를 습득할 수 있다는 것이다. 하지만 녹취하는 설교자의 설교 톤 등을 그대로 닮게 된다는 단점이 있다. 그러면 내 설교가 나오지 않는다.

녹취를 할지라도 자신을 버리면 안 된다. 자기만의 설교 방식으로 설교해야 하기 때문이다. 설교자들 사이에서 떠도는 유명한 말이 있었다. 순복음 신학교 출신의 목사들은 조용기 목사의 설교 내용뿐만 아니라 제스처까지 따라한다는 것이다. 그래서 우스갯소리로 순복음 교단에는 조용기 목사가 아주 많다고 이야기하기도 한다.

하나님은 내 모습 그대로 사용하기를 원하신다. 여호수아가 모세와 똑같을 수 없다. 바울이 예수님과 똑같을 수 없다. 마찬가지로 나는 내가 녹취한 설교의 그 사람이 될 수 없다. 그러므로 녹취를 하되 자기 자신을 놓쳐서는 안 된다. 녹취 때문에 나만의 고유성이 사라진다면 차라리 녹취하지 않는 것이 낫다.

녹취는 자기 설교의 발판일 뿐이다

녹취는 닮고 싶은 설교자 닮기가 아니다. 닮고 싶은 설교자의 설교 배우기다. 녹취는 자기 설교의 발판일 뿐이어야 한다.

설교 녹취에도 고수와 하수가 있다. 녹취의 하수는 닮고 싶은 사람을 닮은 것에 만족한다. 하지만 녹취의 고수는 자신이 녹취한 설교를 넘어서려고 한다. 녹취에서 그치는 것이 아니라 또 다른 발전을 위한 준비를 한다.

닮고 싶은 설교자의 설교를 녹취한다고 자기 설교가 되는 것이 아니다. 그러므로 녹취 자체로 만족하면 안 된다. 녹취의 단계를 넘어서서 자기 설교를 만들어야 한다. 그 다음, 더 큰 꿈을 꾸어야 한다. 내 설교가 다른 설교자가 녹취할 만한 수준을 갖추어야 한다.

4
남의 것을
내 것으로 만들라

내 것이 더 소중하다

"우리 것이 소중한 것이여!"라는 광고 카피가 있었다. 내 것이 소중하다. 내 자녀가 더 소중하다. 그렇다고 남의 자녀가 소중하지 않다는 것은 결코 아니다. 하지만 부모라면 누구나 내 자녀가 더 소중하다고 생각할 것이다.

마찬가지로 아무리 부족하더라도 내 설교가 소중하다. 남의 것은 아무리 화려하고 탁월해도 내 것보다는 소중하지 않다. 그러므로 설교자는 가장 소중한 자기 설교를 하려고 해야 한다.

종종 60대 설교자들이 글쓰기를 배우겠다고 찾아온다. 세상에 늦은 때란 없지만 늦은 나이에 자기 글을 쓰는 것은 녹록하지 않다. 내 것을 만들고자 하는 노력이 대단할 따름이다. 내 것을 만들기 위한 분투가 멋지다.

설교자라면 누구나 내 설교로 설교하기를 원한다. 그럼 어떻게 해야 내 설교를 만드는 글쓰기를 할 수 있을까? 소중한 내 설교 글을 만들어 설교하려면 좋은 글을 내 글처럼 '바꿔 쓰기'해야 한다. 특히 닮고 싶은 설교자의 설교를 바꿔 쓰는 것이다. 바꿔 쓰기는 글쓰기를 배우는 매우 중요한 방법이다.

바꿔 쓰기를 통해 성취감을 맛보라

많은 설교자가 글쓰기를 두려워한다. 바꿔 쓰기도 만만치 않다. 하지만 이 방법을 통해 지금껏 느껴 보지 못한 성취감을 경험할 것이다.

아래는 내가 쓴 "인생"이라는 제목의 글을 "신앙"이라는 제목의 글로 바꿔 쓰기 한 예이다.

바꿔 쓰기 전의 글

● ● ●

인생

두 가지 인생이 있다. '여전한 인생'과 '역전할 인생'이다. 사람이라면 누구나 여전한 인생보다는 역전할 인생을 꿈꾼다. 삶은 우연의 연속이다. 그 우연들이 역전할 인생을 만들기를 바란다. 하지만 대부분은 여전한 인생에 그치기 십상이다. 사람들은 하나님과의 필연적인 만남을 꿈꾸지 않는 듯하다. 하지만 사람들이 정말 꿈꾸어야 하는 만남은 하나님과의 필연적 만남이다. 하나님과의 필연적 만남은 여전한 인생을 만드는 데 그치지 않는다. 반드시 역전할 인생을 만들어 낸다.

세상은 살면서 겪게 되는 만남을 우연한 만남으로 치부하려 한다. 그렇지 않다. 모든 만남은 우연이 아니라 하나님에 의한 필연의 결과이다.

구원은 선물이다. 그 선물은 하나님에 의해 예정된 필연이다. 가장 소중한 구원도 하나님의 필연에 의해 주어진다면, 우리가 살면서 만나는 사건 하나하나, 상황 하나하나는 모두 하나님 안에 있는 필연이라 할 수 있다. 세상에서 일어나는 모든 일을 우연이 아닌 필연으로 받아들이는 것이 그리스도인의 자세이다.

삶에서 만나는 것들이 필연이 되려면 보물찾기를 잘 해야 한다. 우리가 찾을 보물은 세상에 있지 않고 하늘에 있기 때문이다. 또한 세상에서 만나는 모든 것은 하나님의 통치 영역에 속해 있기 때문이다.

초등학교 시절에는 소풍 때마다 보물찾기를 했다. 보물찾기 목록에는 보물도 있었지만 꽝도 있었다. 꽝을 찾으면 실망이 컸다. 하지만 보물을 찾으면 뛸 듯이 기뻤다. 그 안에 내가 좋아할 만한 선물이 들어 있었기 때문이다.

사람들은 세상에서 보물을 찾으려고 한다. 세상의 보물에는 특징이 있다. 언젠가는 버려질 고물이 된다는 것이다. 우리가 찾을 것은 하나님의 보물이다. 하나님의 보물은 고물이 될 일이 없다. 끝까지 보물로 남아 있다. 그러므로 삶에서 보물찾기를 잘 해야 한다. 세상의 것이 아니라 하나님 안에 있는 것을 찾아야 한다.

바꿔 쓴 후의 글

• • •

신앙

두 가지 신앙이 있다. '여전한 신앙'과 '역전할 신앙'이다. 우리는 성장이 없는 여전한 신앙보다는 성장을 통해 변화를 이루는 역전할 신앙을 꿈꾼다. 성경은 나중 된 자로서 먼저 되는 자가 있다고 말한다마 20:16. 이는 먼저 믿은 사람보다 신앙에 역전을 이뤘기 때문이다.

많은 그리스도인이 지금도 여전히 성장을 추구하지 않는 신앙생활에 머물러 있다. 하지만 하나님은 우리가 역전을 이루는 신앙생활을 하기 바라신다.

하나님은 필연을 통해 구원을 선물로 주셨다. 그렇다면 신앙의 성장 역시 필연이 되도록 해야 한다. 그러기 위해서는 먼저 하나님의 말씀을 내 것으로 만들어야 한다. 우리가 찾아야 할 영적 보물은 세상의 책에 있지 않고 말씀 안에 있기 때문이다.

초등학교 시절에는 소풍 때마다 보물찾기를 했다. 보물찾기 목록에는 보물도 있었지만 꽝도 있었다. 꽝을 찾으면 실망이 컸다. 하지만 보물을 찾으면 뛸 듯이 기뻤다. 그 안에 내가 좋아할 만한 선물이 들어 있었기 때문이다.

사람들은 신앙생활을 하면서도 세상에서 보물을 찾으려고 한다. 하지만 우리는 말씀 안에서 보물을 찾아야 한다. 말씀이 꿀보다 달콤하기 때문이다. 세상의 것들은 결국 사라진다. 하지만 하나님의 생명은 영원하다. 우리는 신앙생활에서 말씀의 보물찾기를 계속 해야 한다. 말씀 안에서 보물찾기를 잘 해야 한다. 그럴 때 신앙생활은 숙제가 아니라 축제가 된다.

• • •

아래는 대구 아름다운교회의 이재영 목사가 그의 책『말씀이 새로운 시작을 만듭니다』CLC, 2018에서 쓴 "하루"라는 글을 "가족"이라는 제목의 글로 바꿔 쓰기 한 예이다.

바꿔 쓰기 전의 글

• • •

하루

오늘 하루가 선물이다. 늘 반복되는 지루한 일상이지만 마음과 생각이

통하여 작은 것에도 웃음을 나눌 수 있는 소중한 사람들을 만날 수 있으니 오늘 하루가 선물이다. 늘 실수로 이어지는 날들이지만 믿음과 애정이 가득하여 어떤 일에도 변함없이 나를 지켜봐 주는 가족이 있으니 오늘 하루도 선물이다. 늘 불만으로 가득 찬 지친 시간이지만 긍정적이고 명랑하여 언제라도 고민을 들어 줄 수 있는 좋은 친구가 곁에 있으니 오늘 하루도 선물이다. 늘 질투와 욕심으로 상심되는 날들이지만 이해심과 사랑이 충만하여 나를 누구보다 아껴 주는 사랑하는 연인이 있으니 오늘 하루도 선물이다.

많은 선물을 갖기에는 부족함이 많은 '나'이지만, 하루하루 힘들다고 투정하는 '나'이지만 그래도 내가 열심히 살아갈 수 있는 이유는 이 소중한 사람들이 있기 때문이다. 그 어떤 값비싼 선물보다 소중한 사람들을 만날 수 있는 오늘 하루가 가장 큰 선물이다.

바꿔 쓴 후의 글

• • •

가족

가족은 선물이다. 늘 반복되는 지루한 일상 가운데 지칠 때도 많지만 언제나 나를 따뜻하게 맞아 주는 가족은 선물이다. 실수하고 실패할 날들이 있지만 믿음과 애정으로 나를 지켜봐 주고 격려해 주는 가족은 선물이다. 사람들이 나를 배신해도 늘 내 편이 되어 곁을 지켜 주는 가족은 선물이다. 늘 자신의 유익만을 추구하는 이기적인 세상 가운데 먼저 손해 보려고 하는 가족은 선물이다. 시기와 질투로 가득한 세상 가운데서 먼저 배려해 주는 가족은 선물이다. 받는 것보다 주는 것을 더 기뻐하는 가족은 선물이다. 늘 부족한 '나'이지만 그 부족함을 채워 주려고 하는 가족은 선물이다. 그 어떤 아픔 가운데서도 함께 울어 줄 수 있는 가족은 가장 큰 선물이다.

* * *

아래는 사랑의침례교회 박명수 목사가 그의 책 『하나님 대답을 듣고 싶어요』CLC, 2019에서 쓴 글 "응답받는 기도"를 "완벽한 계획"이라는 글로 바꿔 쓰기 한 예이다.

바꿔 쓰기 전의 글

* * *

응답받는 기도

응답받는 기도는 듣는 기도다. 하나님의 뜻대로 응답되는 기도가 능력 있는 기도다. 하박국의 기도는 즉시 응답되지 않았다. 하나님은 선지자가 기도해도 빨리 응답하지 않으신다. '조급함'은 응답의 조건이 아니다. '하나님의 뜻'이 응답의 조건이다. 기도는 하나님의 뜻에 맞아야 응답된다. 기도에 필요한 능력은 부르짖는 능력이 아니다. 귀 기울이는 능력이다. 그래서 기도 능력 평가는 곧 듣기 평가다. 하나님의 뜻을 알기 위해서는 잘 들어야 한다. 하나님의 뜻이 무엇인지 들을 수 있어야 응답받는 기도를 할 수 있다. 내려놓아야 들린다. 부모님의 말씀 중에 "대화 좀 하자"라는 말을 사춘기 자녀들이 가장 싫어한다. 아이들에게 대화는 대놓고 화내는 것이다. 자녀들이 부모의 생각과 다른 생각을 말하면 부모는 설득으로 시작해서 협박으로 끝맺는다. 말은 대화인데, 부모가 하고 싶은 말만 한다. 우리는 내가 정한 답을 내려놓지 못하면 다른 이야기가 들리지 않는다. 기도는 하나님 설득하기가 아니다. 내가 하나님께 설득당하는 것이다. 기도는 설득당함이다. 오래된 기도 제목이 있는가? 응답되지 않아서 답답한 기도 제목이 있는가? 그 답답함의 시간은 버려지는 시간이 아니다. 하나님께 설득당하는 시간이다.

자신의 답을 내려놓아야 하나님의 음성이 들린다. 조급한 마음을 제거하고 하나님을 의지해야 하나님의 음성이 들린다. 들어야 산다. 귀가 열려야 삶이 열린다. 능력 있는 기도는 듣는 기도다.

바꿔 쓴 후의 글

• • •

완벽한 계획

완벽한 계획이란 실천하는 계획이다. 행동할 수 있는 계획이 좋은 계획이다. 초등학생의 방학 계획표에는 멋진 방학 생활이 들어 있다. 이상적인 꿈이 들어 있다. 그러나 '멋진 계획'이 좋은 계획은 아니다. '실천하는 계획'이 좋은 계획이다. 계획표는 행동으로 완성된다.

좋은 계획을 위해 좋은 머리가 필요한 것이 아니다. 부지런한 발이 필요하다. 용기 있는 손이 필요하다. 그래서 계획은 책상이 아니라 현장에서 완성된다. 연필이 아니라 발자국으로 마침표를 찍는다. 열 가지 목표보다 한 가지 실천이 실력이다.

그래서 계획은 확신보다 도전이 중요하다. 신대륙은 존재한다는 '확신'으로 발견한 것이 아니다. 1492년 8월 3일 항해를 시작한 '도전'으로 발견한 것이다. 그 무렵 수학자들은 서쪽 바다로 가면 인도에 도착한다고 주장했다. P. 토스카넬리Toscanelli는 확신을 가지고 지도를 만들었다. 그러나 신대륙 발견의 공은 완벽한 계산을 한 수학자가 아니라 무모한 도전을 한 콜럼버스Columbus에게 돌아갔다.

계획을 세울 때 100퍼센트 확신이 없어도 된다. 50퍼센트 확신이면 충분하다. 나머지는 도전이 채울 몫이다. 확신이 서지 않아 도전하지 못하는 일이 있는가? 두려움 때문에 망설이는 일이 있는가? 그 두려움은 도전이 채울 공간이다. 두렵다는 것은 도전할 수 있는 일이라는 말이다. 도전할 만한 가치가 있다는 말이다.

책상에서 일어서야 계획이 완성된다. 두려움을 내려놓고 한 발을 뗄 때 새로운 이야기가 시작된다. 행동해야 달라진다. 실천하는 계획이 멋진 계획이다. 계획은 행동할 때 완벽해진다.

• • •

아래는 용문교회 이언구 목사가 그의 책 『그리스도인은 소프트아이스크림을 먹는다』CLC, 2019에서 쓴 글 "교회 생활"을 "인간관계"라는 제목의 글로 바꿔 쓰기 한 예이다.

바꿔 쓰기 전의 글

• • •

교회생활

교회 생활이 힘들 때가 있다. 그 사람이 아직 깨지지 않았기 때문이다. 그 사람을 받아들일 정도로 내가 깨지지 않았기 때문이다.

교회는 깨진 사람이 많아야 한다. '자아'라는 두꺼운 껍질, '죄'라는 단단한 껍질을 벗은 사람이 많아야 한다. 큰 것, 높은 자리, 보기 좋은 것만 쫓아가는 욕심을 깨뜨린 사람이 많아야 한다. 세상의 유혹에 바람났던 것을 완전히 깨고 이제 이런 유혹에 아예 눈을 감은 사람이 많아야 한다.

그래서 교회는 '푹신한 교회'가 되어야 한다. 그럴 때 세상에 진한 향기 풍기는 커피 같은 교회가 될 수 있다. 그래야 교회에서 하나님을 볼 수 있다.

인간관계

인간관계가 힘들 때가 있다. 상대방이 아직 덜 깨져서 그렇다. 아니 상대방을 받아들일 정도로 내가 깨지지 않았기 때문이다.

깨진 부분이 많을 때 좋은 관계가 이루어진다. '자아'라는 두꺼운 껍질, 좀처럼 벗어나지 못하는 '자기중심성'의 단단한 껍질이 깨져야 한다. 큰 것, 높은 자리, 보기 좋은 것만 차지하려는 '이기적 욕망'을 깨뜨리고 또 깨뜨려야 한다. 탐욕에 바람난 나를 완전히 깨고, 이제 이런 유혹에는 아예 눈을 감아야 한다.

그래서 '푹신한 사람'이 되어야 한다. 깨진 부분이 많은 푹신한 사람이 되어야 좋은 관계가 이루어진다. 그래야 진한 향기를 풍기는 커피 같이 좋은 향기를 내는 관계가 이루어진다. 그런 좋은 인간관계 속에서 하나님을 볼 수 있다.

읽었으면 남기라

'넘사벽'이란 없다

'넘사벽'이라는 말이 있다. '넘을 수 없는 사차원의 벽'이라는 뜻의 줄임말이다. 아무리 노력해도 자신의 힘으로는 격차를 줄이거나 뛰어넘을 수 없는 상대를 가리킬 때 이 말을 쓴다. 세상에는 넘기 힘든 벽이 많다. 그 중 하나가 글쓰기다. 어쩌면 사람들에게 가장 큰 넘사벽은 글쓰기일지도 모른다.

어떤 목사와 대화하던 중 내가 글을 쓰고 책을 낸다고 말하니 "제가 가장 하고 싶은데 할 수 없는 일을 하시네요. 부럽습니다"라고 말했다. 그 목사에게는 글쓰기와 책 출간이 넘사벽이다.

하지만 세상에 넘사벽이란 없다. 오로지 하나님의 영역만이 넘사벽이다. 단지 스스로 넘사벽을 만들고 있을 뿐이다. 에이브러햄 링컨Abraham Lincoln은 "역경은 누구나 극복할 수 있다"라고 말했다. 인간이 세상에서 넘을 수 없는 벽은 없다는 말이다.

글쓰기에도 넘사벽이란 없다. 글쓰기가 두려워서 시도하지 않았기에 그렇게 생각할 뿐이다. 누구나 글을 쓸 수 있다. 용기 있게 시작하면 된다. 혼자 하기 힘들면 멘토를 찾아가 배우는 것도 좋은 방법이다.

교회는 글쓰기에 별로 관심이 없다

한국 교회는 글쓰기에 별로 관심이 없었다. 지금은 꽤 나아졌지만 아직도 글쓰기는 해도 그만, 안 해도 그만인 대상이다.

설교자는 글쓰기에 관심을 가져야 한다. 매주 해야 할 설교를 글로 써서 준비해야 하기 때문이다. 하지만 설교자 중에서도 글쓰기에 관심 있는 경우를 만나기 어렵다. 글을 잘 쓰는 것에는 더욱 관심이 없다. 그저 글은 쓰기만 하면 된다고 생각하는 것 같다. 그 결과 설교자들 사이에서도 아직 글쓰기가 자리 잡지 못했다.

10여 년 전 설교 세미나에 참석한 적이 있는데, 주제가 "글 없이 말하는 법"이었다. 당시만 해도 말만 잘 하면 된다는 생각이 만연했다. 따라서 글쓰기는 관심 대상이 아니었다. 말 잘하는 설교자들이 목회를 잘 하는 것도 엄연한 현실이기 때문이다.

오늘 검토를 부탁받은 설교를 들었다. 내용이 좋았다. 하지만 한 가지 아쉬움이 있었다. 글쓰기가 부족하니 내용만큼 더 좋은 설교가 되지 못한 것이다.

언젠가 친구 목사의 교회에서 예배를 드린 적이 있다. 친구는 늘 자신이 설교를 잘 한다고 이야기했다. 말씀을 깊이 묵상하고 설교한다고 했다. 그러나 설교를 듣고 기대감이 한순간에 무너졌다. 많은 설교자가 설교에 자신 있어 한다. 하지만 글쓰기를 배우기 시작하면 그들이 설교를 잘 하지 못한다고 고백하게 된다.

설교자에도 여러 부류가 있다. 세계적인 설교자, 전국적으로 유명한 설교자, 그 지역에서 알아주는 설교자, 자신만 인정하는 설교자…. 어떤 설교자가 되는가에 영향을 미치는 것 중 하나가 글쓰기를 할 줄 아는가, 잘 하는가의 여부이다.

글쓰기는 리더의 기본 자질이다

리더의 기본 자질 중 하나는 글쓰기 능력이다. 만약 글쓰기를 하지 못한다면 자신이 리더로서 자격이 있는지 질문해 봐야 한다.

지금의 장년층은 학교에 다니던 시절에 공교육에서 글쓰기 수업을 받지 못했다. 나 역시 마찬가지다. 유치원도 다니지 못했다. 사교육은 더군다나 받아 본 적이 없다.

설교 글을 써야 하는 신학교에서도 글쓰기 교육을 받지 못했다. 목회하면서 세미나 100여 곳을 다녔지만 글쓰기 교육을 하는 곳은 한 군데도 없었다. 글쓰기의 중요성을 깨닫고 사회에서 글쓰기를 배우고자 여러 곳의 문을 두드렸다. 하지만 말 그대로 넘사벽이었다. 나의 경제력으로는 감당할 수 없는 비용을 요구했기 때문이다.

미국이나 유럽, 뉴질랜드 등은 글쓰기 교육을 중요하게 여긴다. 반면 우리나라는 영어와 수학 등 입시 위주의 교육에 매달린다. 인생 전체를 놓고 보면, 초등학교 때는 실컷 놀아도 된다. 중·고등학교에서는 독서와 글쓰기 교육이면 충분하다. 그런데 가장 중요한 교육은 하지 않고 입시 교육만 하니 세계적인 인재가 나오기 힘든 구조이다. 이런 식의 교육을 받기 때문에 설교자가 되었지만 설교 글을 쓸 줄 모르는 것이다.

설교자는 글쟁이여야 한다. 그러나 현실은 그렇지 않으니 창피한 일이다. 많은 신학생이 글을 쓸 줄 모르는데도 신학교 들은 한국 교회를 짊어질 영적 지도자를 세운다는 원대한 포 부를 갖는다. 이는 잘못된 생각이다. 교회 리더는 글쓰기 능력 이 전제되어야 한다.

글쓰기, 힘들지만 해야 한다

글쓰기는 결과물을 남긴다. 글을 쓸 줄 알면 자기만의 것을 남 길 수 있다. 특히 자신이 읽은 책을 자기만의 공간에 남길 수 있 다. 더 큰 목표는 후배는 물론 후손에까지 남기는 것이다.

성경 저자는 말이 아니라 글로 세상에 하나님의 걸작품을 남겼다. 이제는 우리가 하나님의 걸작품을 만들어야 한다. 그 러려면 글을 잘 쓰는 설교자가 되어야 한다.

설교자는 말과 글로 복음을 전하는 자이다. 마가복음 16장 15절에서 예수님은 이렇게 말씀하셨다.

"또 이르시되 너희는 온 천하에 다니며 만민에게 복음을 전 파하라."

복음을 전파하는 방법 가운데 하나가 글을 통한 방법이다.

성경을 보급할 수도 있고, 좋은 책을 만들어 전달할 수도 있다. 책으로 복음을 전하려면 글쓰기가 뒷받침되어야 한다.

코로나-19로 인해 한 건물에 모여 예배드리는 것이 쉽지 않은 상황이 되었다. 국가의 행정 명령으로 예배를 제외한 소모임 역시 금지되었다. 이럴 때 유일한 방법은 온라인이다. 온라인은 무한 경쟁이 펼쳐지는 곳이다. 오프라인도 마찬가지지만, 온라인에서 살아남으려면 남다른 콘텐츠로 무장해야 한다. 여기에서도 좋은 글은 가장 기본적인 요건이다. 글을 통한 전도 방법의 비중은 시대가 변할수록 점점 커져 가고 있다.

여러 이단도 문서를 통해 복음을 전한다. 반면 교회는 문서가 아닌 사탕, 커피, 물티슈 등으로 전도한다. 선물을 건네는 것은 초보 수준의 전도법이다. 마음 둘 곳 없는 시대에 사람들의 마음을 잡아야 한다.

글쓰기는 어렵다. 그래서 많은 사람이 도전 자체를 겁낸다. 그럴지라도 도전해야 한다. 복음 전파를 사명으로 살아가는 우리는 시대에 맞는 방법을 늘 고민해야 한다. 코로나-19를 겪은 이 시대에 맞는 방법은 남다른 글로 미디어를 활용하는 것이다. 세상의 글보다 탁월한 설교자의 글이 필요하다. 그러나 교회의 글이 세상에 흔한 문화센터의 글보다 내용 면에서 뒤떨어지는 것이 현실이다. 문화센터에서 전하는 글보다 감동적이고 설득력 있다면, 사람들은 교회의 메시지에 관심을 가질 것이다.

설교자의 수준이 교회의 수준이다

아트설교연구원을 처음 시작할 때는 글을 거의 쓸 줄 몰랐다. 회원들이 글에 대해 물어보면 모른다고 솔직히 말할 수밖에 없었다. 그러면 회원들이 더 이상 나에게서 배우려 하지 않았다. 나의 글쓰기 수준이 낮을 때에는 회원들의 수준도 높지 않았다. 부단한 노력과 연습으로 내 수준이 조금씩 높아질수록 회원들의 실력과 수준도 높아졌다.

전에는 다른 사람의 글을 볼 줄 몰랐다. 하지만 지금은 글을 봐줄 수 있다. 그것도 회원들이 만족할 수 있는 수준까지 말이다.

설교자들도 설교 수준을 높여야 한다. 설교 수준이 높아지면 교인들의 신앙생활 수준도 함께 올라간다. 설교자의 수준이 교회의 수준이기 때문이다.

6

반복을 통해 배우라

위대한 글쓰기는 매일 쓰기로 가능하다

시간이 흐를수록 반복하는 것이 위대하다는 생각을 하게 된다. 그 이유는 위대함은 매일의 루틴을 통해서 나온다고 확신하기 때문이다. 같은 시간에 잠자고, 같은 시간에 식사하고, 같은 시간에 책을 읽고, 같은 시간에 글을 쓰는 것은 아무나할 수 없다.

루틴의 삶은 오랫동안 최선을 다한 매일을 반복한 결과이다. 누구나 최선을 다한다고 이야기하지만 모두가 최선을 다하는 것은 아니다. 그저 자기 나름의 최선일 뿐이다. 최선이란 다른 사람도 그것을 인정해 주는 것에서부터 출발하기 때문이다.

에모리 신학대학교_{Emory University Candler School of Theology}에서 설교학을 가르치고 미국에서 가장 인기 있는 설교자 가운데 한 사람으로 꼽히는 토마스 G. 롱_{Thomas G. Long} 교수는 그의 책『증언 설교』_{CLC, 2019}에서 매일 최선을 다해야 한다는 주장을 몸을 예로 들어 설명한다.

"실제로 우리 몸은 매일 최선을 다해 만든, 사랑과 정성이 담뿍 담긴 음식을 통해 유지된다."

글쓰기는 반복의 결과이다. 세계적으로 명성 있는 글쓰기 강사인 나탈리 골드버그_{Natalie Goldberg}는 자신의 책『뼛속까지 내려가서 써라』_{한문화, 2018}에서 "글쓰기는 글쓰기를 통해서만 배울 수 있다. 바깥에서는 어떤 배움의 길도 없다"라고 썼다.

아트설교연구원 회원들이 종종 묻는 말이 있다.

"목사님! 글쓰기를 배우신 거죠?"

"아뇨! 배운 적 없습니다."

"그러면 어떻게 글을 잘 쓰세요?"

매일 반복적으로 썼기 때문이다.

글을 잘 쓰고 싶다면 매일 자기만의 글쓰기를 하면 된다.

아트설교연구원 초창기에 한 회원이 글을 쓰다가 이런 질문을 한 적이 있다.

"목사님, 지금 쓴 글이 잘 쓴 글인가요?"

"죄송합니다. 저도 모릅니다. 매일 글을 쓰면서 같이 배웁시다."

솔직히 그 질문에 너무 당황했다. 당시의 창피함을 말로 다 할 수 없다. 그 질문을 받은 뒤 매일 글을 썼다. 이후 매일 글쓰기는 지금까지 계속되고 있다.

지금은 회원들에게 이렇게 말한다.

"매일 글을 쓰십시오. 그럼 교인들에게 글이 좋다는 말을 들을 때가 옵니다."

글을 잘 쓰고 싶은가? 위대한 글쓰기를 하고 싶은가? 매일 쓰면 된다.

습관이 힘이다

"습관은 힘이 세다." 내가 종종 하는 말이다. 습관의 힘을 믿기 때문이다. 나는 '내가 가진 것이 나를 만들지 않고 습관이 나를 만드는 것'을 직접 경험했다.

'톨레랑스'tolerantia는 '다른 사람이 생각하고 행동하는 방식의 자유 및 다른 사람의 정치적, 종교적 의견의 자유에 대한 존중'을 뜻한다. 톨레랑스, 즉 관용은 문화의 힘에서 나온다. 문화란 습관이 국민의 몸에 밴 것을 말한다.

결국 습관이 중요하다. 습관이 문화를 만들고 사람을 만들기 때문이다. 설교자들이 글쓰기를 하려면 글 쓰는 습관이 몸에 배어야 한다.

습관은 사람의 운명까지 바꾼다. 차동엽 신부는 그의 책 『천금말씨』교보문고, 2014에서 행복과 성공을 기약해 주는 '무지개 원리 일곱 가지' 중 여섯 번째로 습관을 길들이라고 말한다.

말뿐 아니라 감사도 습관이다. 미국 캘리포니아 대학교의 로버츠 에몬스Robert Emmons 교수는 감사를 습관화한 학생과 그렇지 않은 학생을 16년 동안 추적 조사했다. 그 결과 감사를 습관화한 학생의 연평균 수입이 그렇지 않은 학생보다 2만 5천 달러가 더 많았다. 그뿐 아니라 감사를 습관화한 사람의 평균 수명이 그렇지 않은 사람보다 9년 더 길었다.

습관은 글쓰기를 할 수 있는 설교자로 만든다. 교인과 소통을 잘 하는 설교자로 만든다. 운동과 성경 읽기에 습관을 들이는 것처럼, 글쓰기도 삶의 습관이 되도록 해야 한다. 그 작은 습관이 목회와 설교에 눈부신 결과를 안겨 줄 것이다.

책을 읽은 뒤 글을 써라

글은 매일 습관에 따라 써야 한다. 그리고 책을 읽은 뒤에 써야 한다. 글이 가장 잘 써질 때는 책을 읽은 다음이다. 밥도 따끈따끈한 밥이 맛있듯이, 글도 책을 읽은 직후에 가장 잘 써진다.

나는 오전에 책을 읽고 오후에 글을 쓴다. 그 이유는 읽은 내용을 근거로 책을 쓸 때 가장 잘 써지기 때문이다. 책을 읽으면 다만 몇 글자라도 쓸 수 있다.

회원 중 한 명이 몇 주 동안 글을 한 줄도 쓰지 못하고 있었다. 나는 책을 읽은 뒤 글을 써 보라고 조언해 주었다. 얼마 후 그는 책을 읽고 바로 글을 써 보니 한두 줄이라도 쓸 수 있게 되었다고 좋아했다.

글쓰기는 설교자에게 숙명과도 같다. 글을 쓰지 않으면 설교할 수 없다.

7

작가로 살아가는 것이
설교자의 숙명이다

글을 쓰면 책을 쓰는 것은 자연스럽게 된다. 아트설교연구원
에서 글쓰기를 하면 책 쓰기는 선택 사항이 아니라 자연스러
운 과정이다.

아트설교연구원의 출간 역사

처음부터 책을 쓰려고 한 것은 아니었다. 교인들이 설교에 만
족하지 않는다고 해서 글을 쓰기 시작했다. 글을 계획적으로
쓰지도 않았다. 글쓰기 분량이 어느 정도 채워지니 계획을 세

워 써야겠다는 생각이 들기 시작했다. 이렇게 글을 쓰다 보니 책으로 출간하고 싶은 마음이 생겼다.

아트설교연구원 회원들은 글을 쓰기 위해 문을 두드린다. 2-3년 동안 글쓰기 훈련을 받으면 작가를 지망한다. 회원들은 2018년에 기독교문서선교회CLC에서 '아트 설교 시리즈'를 출간하기 시작하여 20여 권의 책을 냈다. 이는 회원 수 40명도 안 되는 모임에서 나온 책들이다. 많은 목회자 모임이 있지만 책을 출간하는 모임은 거의 없을 것이다. 어떤 모임이 책을 만들어 출간할 수 있을까? 독서하는 모임으로는 쉽지 않다. 아트설교연구원은 글을 쓰는 모임이기에 가능하다.

책을 출간하려면 글을 단계적으로 쓸 필요가 있다. 아트설교연구원에서는 글쓰기 훈련을 단계적으로 한다. 그 순서는 다음과 같다.

① 사물과 언어의 속성을 찾아 그 특징을 글로 쓴다.

② 책을 읽고 주제를 잡아 쓴다.

③ 칼럼이나 목회서신을 쓴다.

④ 설교 글을 쓴다.

⑤ 책을 쓴다.

사물과 언어의 속성을 찾아 그 특징을 글로 쓴다

아트설교연구원에서 모임 때마다 하는 글쓰기가 있다. 사물이나 언어의 속성으로 글쓰기다. 여기에는 두 가지 방법이 있다. 하나는 '한 단어 글쓰기'이고, 또 다른 하나는 '두 단어 글쓰기'이다이에 대한 자세한 내용은 1장에서 다루었다.

'한 단어 글쓰기'는 한 단어의 특징을 찾아 글을 쓰는 것이다. 예를 들면 '거리 두기', '스마트폰', '커피' 등의 단어를 주고 그 특징 100개를 찾아오는 과제를 내 준다. 수업 시간에 20분을 주면서 즉석에서 이것들의 특징으로 글을 쓰게 한다.

'두 단어 글쓰기'는 대조 혹은 비교가 되는 단어 두 개의 공통점과 차이점을 찾아 글을 쓰는 것이다.

예를 들면 '쓰기와 읽기', '선 긋기와 말 잇기', '이곳과 저곳' 등의 공통점 50개와 차이점 50개를 찾아오는 과제를 내 준다. 수업 시간에 25분을 주면서 즉석에서 이 차이점들로 글을 쓰게 한다.

처음 글을 쓰는 회원들은 한 줄 쓰기도 힘들어한다. 하지만 계속 쓰다 보면 20분 만에 10줄 이상 쓰는 것을 어려워하지 않게 된다. 그리고 얼마 후에는 A4 5장 분량의 설교 글을 쓸 수 있게 된다.

책을 읽고 주제를 잡아 쓴다

설교자들은 세상적인 죄에 대해서는 강력하게 꾸짖는다. 하지만 자신의 설교를 직접 쓰지 않는 것에 대해서는 관대하다. 아트설교연구원에 글쓰기를 배우러 오는 회원들에게는 공통점이 있다. 자신의 글로 설교하지 못하는 것에 대한 죄책감이다.

글을 잘 쓰는 설교자일지라도 설교 글 5장을 쓰는 것은 쉽지 않다. 그러므로 1장부터 쓰기 시작한다.

A4 1장으로 글을 쓰는 방법이 있다. 책을 읽은 후 한 가지 주제를 잡아 그 주제에 맞게 글을 쓰는 것이다. 장석주 작가의 『단순한 것이 아름답다』_{문학세계사, 2016}를 읽고 '단순함'에 대해서 쓴다. 송용원 목사의 『칼뱅과 공동선』_{IVP, 2017}을 읽고 '공동선'에 대해서 쓴다. 칼 세이건_{Carl Sagan}의 『코스모스』_{사이언스북스, 2004}를 읽고 '우주'에 대해서 쓴다. 마릴린 폴_{Marilyn Paul}의 『일하지 않는 시간의 힘』_{정림출판, 2019}을 읽고 '시간'에 대해서 쓴다. 사마천_{司馬遷}의 『사기』를 읽고 '역사'에 대해서 쓴다. 나의 책 『독서꽝에서 독서광으로』를 읽고 '독서의 중요성'에 대해서 쓴다.

어떤 책이든 그 내용 안에는 수많은 정보가 있다. 그러면 글을 쓰기가 훨씬 수월하다. 수많은 내용 중에서 한 주제를 골라 A4 1장을 쓰는 것으로 글쓰기를 시작한다.

칼럼이나 목회서신을 쓴다

책의 주제로 글을 썼다면, 다음은 A4 2장 전후 분량의 목회서신이나 칼럼 등을 쓴다. 목회서신은 1장에서 2장 정도의 분량으로 쓰고, 칼럼은 그보다 조금 길게 3장 정도를 쓴다.

설교자는 의지만 있다면 매주 목회서신을 쓸 수 있다. 아트설교연구원 회원 중에는 블로그에 글을 쓰는 이가 많다. 블로그에도 A4 3장 정도의 글쓰기를 할 수 있다. 이런 식의 글쓰기를 꾸준히 매일 하면 글쓰기에 자신감이 생길 뿐 아니라 설교 글을 쓰는 것에 큰 도움을 받을 수 있다.

설교 글을 쓴다

목회를 갓 시작하는 이들에게 해 주는 말이 있다.

"모든 설교를 글로 쓰십시오."

이렇게 하는 것이 글쓰기를 가장 잘 할 수 있는 길이기 때문이다. 일주일에 해야 할 설교가 많든 적든 상관없다. 설교로 글쓰기를 하는 것만큼 좋은 글쓰기 훈련이 없다. 이것은 결코 쉬운 일이 아니다. 그렇다고 불가능하지도 않다. 6개월 정도만 수고하면 된다. 그러면 그 다음부터는 설교 글을 쓰는 목사가 된다.

　대구아름다운교회 이재영 목사는 내 조언에 따라 담임목회를 하면서부터 모든 설교를 먼저 글로 썼다. 설교의 양은 일주일에 10회 전후였다. 그는 지금도 이 작업을 계속하고 있다. 설교자가 A4 5장_{주일 설교 등}, 2장_{새벽 설교 등} 정도의 글을 6개월 정도 쓰다 보면, 글을 쓰지 않으면 설교가 안 되는 경지에 이른다.

　설교자는 밥 먹듯이 설교 글쓰기를 해야 한다. 만약 어쩌다 하는 해외여행 정도라면 곤란하다. 설교 글쓰기는 언젠가 도전할 꿈이 아니라 지금 반드시 해내야 할 숙제이다.

책을 쓴다

은퇴를 앞둔 설교자들에게 글쓰기를 가르칠 때 종종 "나도 설교집 한 권 출간하고 싶다"라는 말을 듣는다. 나도 아직까지 설교집은 출간한 적이 없다.

　『설교는 글쓰기다』를 통해 인연을 맺게 된 강준민 목사_{미국 새생명비전교회}와 이메일과 메신저로 글쓰기에 대한 생각을 주고받을 때 조언을 구한 적이 있다. 그러던 중 설교집 출간에 대한 인상적인 이야기를 들었다.

　"시인이 시집을 출간하는 것처럼 목사는 설교집을 출간해야 합니다."

이 말은 당시 나의 고정관념을 깨뜨려 주었다.

설교자라면 설교집을 출간하는 것이 기본이다. 나아가 그 설교집이 독자들에게 사랑을 받는다면 말할 수 없이 좋은 일이다.

아트설교연구원 회원들에게 책 쓰기에 대해 이야기할 때 한 주제를 잡아 글을 쓰라고 한다. 교회, 신앙생활, 말씀 묵상, 제자훈련 등 어떤 주제라도 좋다. 신학적인 주제로 쓴 글이 아닌 에세이도 상관없다. 단 중요한 것이 있다. 한 분야나 주제에 대한 책을 쓸 때 5권까지 쓸 수 있어야 한다.

설교자는 설교 쓰기에 그치지 않고 책 쓰기에까지 나아가야 한다. 유명 설교자들이 이름을 알릴 수 있었던 이유는 책을 썼기 때문이다. 나도 책을 많이 쓸 계획이다. 할 수만 있다면 죽을 때까지 100권을 출간하고 싶다.

"물이 바다 덮음같이"라는 복음성가 제목처럼, 아트설교연구원 회원들과 설교자들의 책이 세상을 덮을 날을 꿈꿔 본다. 그러면 그 책에 녹아 있는 기독교 영성이 온 세상 사람들에게까지 미치지 않을까?

IV.

좋은 글은 행복한 목회를 이끈다

1
글쓰기는 목회를
행복하게 한다

교인이 설교에 은혜 받으면 설교자는 행복하다

"교인들이 제 설교를 듣고 하나님을 만났습니다."

회원들이 내게 가장 행복한 표정으로 하는 말이다.

설교자들은 행복해야 한다. 목회가 행복해야 한다. 목회가 행복할 때는 교인들이 설교에 행복한 표정을 지을 때이다. 설교자의 행복은 설교를 통해서 주어진다.

자녀가 잘 되거나 교회가 부흥할 때도 행복하지만, 가장 행복할 때는 기도하면서 준비한 설교에 교인이 은혜를 받고 하나님께 감사할 때이다.

가족끼리 오리고기를 먹는데 아들이 탄산음료를 먹고 싶다고 한다면 개운한 뒷맛을 느끼고 싶어서이다.

내 설교가 교인들에게 은혜를 끼치지 못하면 후회가 가득하다. 뒷맛이 찝찝하다. 다른 설교자의 책을 그대로 옮긴 설교를 하면 양심에 찔린다. 뒷맛이 개운하지 않다.

반대로 교인들이 설교에 은혜를 받으면 뒷맛이 개운하다. 내가 직접 쓴 글로 설교한 뒤에는 짜릿한 행복의 맛을 느낄 수 있다.

설교를 한 뒤 가장 짜릿한 맛을 느낄 때는 아내로부터 "오늘 설교가 좋았어!"라는 말을 들을 때이다. 그 반대는 가장 뒷맛이 좋지 않다.

행복한 목회, 글쓰기로 시작된다

불행한 목회란 없다. 자신이 불행하다고 느낄 뿐이다. 목회의 행복을 진하게 느끼는 때는 내가 쓴 글로 설교할 때이다. 자신이 쓴 글로 설교하면 그 자체만으로도 행복을 누릴 수 있다.

행복한 목회는 자기가 할 설교를 직접 쓰는 것에서 시작된다. 처음부터 글을 쓸 줄 아는 사람은 없다. 무수한 난관을 뚫은 뒤 비로소 쓸 수 있게 된다.

내가 스스로 쓴 글로 설교한 첫날의 감격을 아직도 잊을 수가 없다. 그 전에는 설교가 끝나면 양심이 뒷목을 끌어당겼다. '네가 직접 만든 설교가 아니잖아!', '너 어떤 목사님의 설교집에서 많이 가져왔잖아!' 그럴 때마다 아내는 여지없이 설교에 대해 핀잔을 주었다. 스스로의 글로 설교를 한 뒤부터 아내의 핀잔은 사라졌다. 어느 회원의 경우도 나와 비슷했다. 전에는 아내가 설교에 대해 이런저런 말을 했지만 설교 글을 직접 쓴 다음부터는 설교에 대해 아무 말도 하지 않는다는 것이다.

내게 설교 글쓰기는 난공불락難攻不落과 같았다. 하지만 이제는 성취감이 넘친다. 글쓰기로 인한 행복감이 최고조에 이른다.

설교에서 행복을 맛본 설교자에게는
설교가 목회의 전부이다

행복한 설교자와 행복하지 못한 설교자의 차이가 있다. 그 중하나가 자기 설교에 대한 만족감이다. 설교에 대한 만족감의 여부에 따라 설교를 대하는 마음 자세가 결정된다. 자기 설교가 만족스러운 설교자는 목회에서 설교의 비중을 높게 둔다. 반면 자기 설교가 불만족스러운 설교자는 설교를 그리 중요하게 생각하지 않는다.

설교자들이 자주 하는 질문 중 하나가 이것이다.

"목회에서 설교는 어느 정도의 비중을 차지한다고 생각하십니까?"

이 질문을 받을 때마다 나는 "설교가 목사님의 목회에서 100퍼센트를 차지하면 좋겠습니다"라고 말한다.

대부분의 설교자들이 목회에서 설교가 차지하는 비중이 70-80퍼센트 정도라고 생각한다. 100명 중 한두 명만이 설교가 목회에서 100퍼센트의 비중을 차지한다고 말한다. 설교가 100퍼센트를 차지한다는 말은 단순히 수치의 문제가 아니라 설교를 대하는 인식이 어느 정도인가를 나타낸다. 목회의 다른 분야와 비교해서가 아니라 설교의 영향력과 효과 면에서 그렇다는 뜻이다.

"설교가 목회에서 100퍼센트 비중을 차지하는 설교자가 되기를 바란다"는 말에 반감을 갖는 이도 많다. 설교자라는 말은 설교가 가장 중요한 사람이라는 말이다. 설교자에게는 설교가 100퍼센트라는 말이 당연하게 다가와야 한다. 그럴 때 설교로 인해 행복한 설교자가 될 수 있다.

목회에서 설교의 비중이 100퍼센트가 되게 하라

목회에서 설교가 100퍼센트 비중을 차지한다고 말하는 데에는 두 가지 이유가 있다.

첫째, 코로나-19로 인해 온라인이 대세가 되었다. 거의 모든 설교가 온라인으로 이루어졌다. 강의도 마찬가지다. 온라인으로 하지 않으면 강의할 기회가 거의 없을 정도이다. 전문가들은 코로나-19의 여파가 당분간 지속될 것이고, 삶의 전반적인 부분에서 변화가 생길 것이라고 전망한다. 대면 모임을 전혀 할 수 없던 시기를 우리는 경험했다. 이런 상황에서는 목회에서 설교가 차지하는 비중이 100퍼센트에 가깝다.

둘째, 설교를 통해 은혜 받지 못하면 제자훈련과 성경 공부, 전도, 주방 봉사, 심방 등 교회 안 여러 사역에 대한 교인의 참여율이 저조하다. 교인들은 제대로 된 교회 생활을 못한다. 이보다 더 심각한 문제는 말씀의 능력이 없기 때문에 세상 속에서 그리스도인으로 살아가지 못한다는 것이다.

최근 만난 한 40대 집사가 이런 말을 했다.

"다른 교회 목사님의 설교를 듣고 제가 섬기는 교회에 가서 여러 봉사를 합니다."

코로나-19의 확산이 한창 심각할 때 「크리스천투데이」에서 대형 교회의 유튜브 접속 수를 조사한 적이 있다. 성도 수가 약 70만 명이라고 알려진 세계 최대 교회인 여의도순복음교회 담임 이영훈 목사의 유튜브 구독자 수는 이하 2020년 4월 9일 오전 기준 대략 2만

7천 명, 4월 5일 주일 설교 영상 조회 수는 7천 명이다. 온누리교회_{담임 이재훈 목사}는 각각 3만 7천 명과 1만 2천 명, 주안장로교회_{담임 주승중 목사}는 구독자 수는 비공개이고, 주일 설교 조회 수는 1만 1천 명 정도이다. 역시 대형 교회이기는 하지만 앞서 언급된 교회들보다는 상대적으로 규모가 작은 분당우리교회_{담임 이찬수 목사}는 각각 12만 2천 명과 8만 9천 명, 선한목자교회_{담임 유기성 목사}는 9만 8천 명과 7만 5천 명, 새에덴교회_{담임 소강석 목사}는 1만 8천 명과 9만 4천 명 정도로 집계되었다.

온라인 시대의 그리스도인들은 더 이상 출석 교회의 설교가 아닌 듣고 싶은 설교를 찾아다닌다. 앞으로 이런 현상은 더욱 심화될 것이 분명하다.

설교할 때 가슴이 뛰어야 한다

나는 내가 쓴 글로 설교할 때 가슴이 뛴다. 평생의 소망이었기 때문일 것이다. 아트설교연구원 회원들도 자신이 쓴 글로 설교할 때 가슴이 뛴다고 말한다.

목회도 가슴이 뛰어야 한다. 교회를 개척하기 전에 동기 목사에게 "목회는 어떻게 해야 하는가?"라고 질문한 적 있다. 그는 소위 목회에서 성공한 목사였다. 그의 대답은 이랬다. "행복한 목회를 하면 된다." 지금 생각해도 명답이다. 목회는 행복해야 한다.

친구이자 에콰도르와 필리핀에서 선교사로 사역하다 지금은 IMER Institute for Mission Education Research 선교 교육원 원장으로 있는 이영 선교사는 '선교'의 '선'자만 듣거나 보아도 가슴이 뛴다고 한다.

선교사는 '선'자만 듣거나 보아도 가슴이 뛴다. 설교자는 '설'자만 들어도 가슴이 뛰는가? 나는 반대로 '설'자만 들으면 스트레스 받는다는 말을 꽤 들었다. 설교자는 설교를 할 때 가슴이 뛰어야 한다. 아주 오래 전 세미나에서 만난 한 목사는 설교할 기회가 주어지면 가슴이 뛴다고 했다. 나 역시 종종 그런 경험을 한다.

설교자는 하나님이 맡겨 주신 위대한 설교를 준비할 때마다 가슴이 뛰어야 한다. 설교자의 가슴이 뛸 때, 그 설교를 듣는 교인들의 가슴도 함께 뛸 것이다.

2
글쓰기는 자신감 있는
목회를 만든다

글을 쓰면 자신감으로 무장된다

글쓰기를 왜 해야 하는가? 자신감 있게 살기 위해서이다. 설교자는 왜 자기 글로 설교해야 하는가? 양심에 거리낌 없이 당당하게 설교하기 위해서이다.

나도 한동안 아무렇지도 않게 짜깁기 설교를 했다. 다른 사람의 설교집 몇 권으로 좋은 문장을 만들어 짜깁기했다. 하지만 그런 설교를 할 때마다 양심의 가책을 받았고, 아내와 교인들의 눈을 똑바로 쳐다보지 못했다. 그러나 설교 글을 쓰게 된 후부터는 설교에서 좀 실수를 해도 자유롭고 떳떳하다. 목회에도 자신감이 생겼다.

자신감 있게 목회하고자 한다면 자기 글로 설교해야 한다. 내 목회의 분기점은 카피 설교를 그만두고 내가 쓴 글로 설교할 때였다. 전에는 하지 말아야 할 것이 많았다면 그 이후부터는 해야 할 일이 많이 생겼다. 성실하게 글을 쓰고 그렇게 직접 쓴 글로 설교를 하면서부터 목회 생활의 많은 부분에 자신감이 생겼다.

자존심으로 살아가는 설교자가 되라

자신감으로 무장하면 자존심이 더욱 강화된다. 자존심이 무너지면 다 무너진다. 사람들은 어떤 상황에서도 자존심만큼은 지키고 싶어 한다. 자존심은 설교자에게도 중요하다. 정신과 의사인 양창순 박사는 자신의 책 『담백하게 산다는 것』다산북스, 2018에서 미국 영화배우 톰 크루즈Tom Cruise의 이야기를 통해 자신감의 중요성에 대해 들려준다.

그는 의지가 강하고 자기중심이 굳건하며 의연했다. 해야 하는 생각들이나 해결해야 할 문제들 등 그것이 무엇이든 그는 자신과의 대화 속에서 가장 먼저 해결책을 찾았다. 그는 말했다. "난다른 사람에게 내 생각을 털어놓지 않아요. 어떤 일에 대해 생각하고 만약 그것이 옳다는 것을 내가 알고 있다면, 누구에게 물으러 가거나 하는 부류의 사람이 아니죠. 난 모든 결정을 스스로 합니다. 배우로서의 삶도, 내 인생도.

양창순 박사는 사람이 이 세상을 살아가기 위해서는 자존심이 중요하다고 말한다. 사람은 자존심으로 살아간다. 설교자도 자존심으로 설교해야 한다. 자존심이 없으면 카피 설교하는 것이 아무 문제가 되지 않는다. 하지만 자존심이 있는 사람은 자신의 글로 설교한다.

설교자는 하나님의 설교자다운 자존심을 지켜야 한다. 카피 설교를 하는 것은 자존심을 무너뜨리고 하나님을 욕 먹이는 일이다. 설교자의 자존심은 하나님의 자존심이기 때문이다. 설교자로서의 자존심을 버리는 행동을 하지 말아야 한다. 이는 하나님에 대한 최소한의 예의이다.

자존심은 자존감으로 연결된다

설교자는 자신감 있게 설교해야 한다. 자존심을 지키며 설교해야 한다. 그럴 때 자존감이 높은 사람으로 살 수 있다. 자존심을 떨어뜨리지 않는 설교를 할 때 자존감 높은 설교자가 된다. 자신감 있게 설교 글을 쓸 수 있을 때 자존감 높은 설교자가 된다.

양창순 박사는 자신의 책에서 "자존감은 내가 사는 집이다"라고 주장한다. 『사회복지학 사전』혜민북스, 2013에 따르면, 자존감 self-esteem은 "자신에 대한 존엄성이 타인들의 외적 인정이나 칭찬에 의한 것이 아니라 자신 내면에서 성숙한 사고와 가치에 의해 얻어지는 개인 의식"을 말한다. 즉 자존감은 자아존중감이다.

자아존중감에 대한 위키백과사전의 정의는 다음과 같다.

"자신이 사랑받을 만한 가치가 있는 소중한 존재이고 어떤 성과를 이루어 낼 만한 유능한 사람이라고 믿는 마음이다."

자존감은 자신감에서 온다. 자존감을 유지하기 위해서는 자존심 상하는 일을 하지 않아야 한다. 하나님이 슬퍼하시는 일을 하지 않아야 한다. 자존감이 높은 사람은 두려워하지 않는다. 자존감이 높은 사람은 하나님만을 의지한다.

다윗은 자존감이 높은 사람이었다. 그의 높은 자존감은 하나님께로부터 왔다. 이런 다윗이었기에 골리앗에게 "너는 칼과 창과 단창으로 내게 나아 오거니와 나는 만군의 여호와의 이름 곧 네가 모욕하는 이스라엘 군대의 하나님의 이름으로 네게 나아가노라"_{삼상 17:45}라고 말할 수 있었다. 설교자의 자존감은 하나님과의 관계에서 온다. 말씀과 기도로 분투하며 설교 글을 완성하는 그 시간은 설교자의 자존감을 분명히 높여 줄 것이다.

내가 쓴 설교 글이 나를 자존감 높은 설교자로 만든다

김난도 교수는 그의 책 『트렌드 코리아 2017』_{미래의창, 2016}에서 자존감은 "개인적으로 자기가 얼마나 쓸모 있는 사람인지 느끼는 것"이라고 했다. 그렇다. 각 개인은 자존감에 따라 자기가 어떤 사람인지 인식하고 살아간다. 설교자의 자존감은 자기 글로 설교를 하는가, 그렇지 않는가에 따라 결정된다.

아트설교연구원 회원들은 자존감이 높다. 자신이 쓴 글로 설교하기 때문이다. 내가 출간을 권하면 주저하지 않고 책을 낸다. 잘 쓰는 것을 떠나 자신의 글로 썼기 때문이다. 이들의 설교는 본문이 비슷하다. 아니 같을 때가 많다. 제목이 같을 때도 많다. 하지만 설교 내용은 대부분 다르다. 각자 자기 글로 설교하기 때문이다.

설교자가 높은 자존감으로 목회하기는 어렵지 않다. 자신이 쓴 글로 설교하면 된다.

3

글쓰기는
성장의 디딤돌이다

설교자는 날마다 성장해야 한다

사람이 살아가는 목적은 성장하기 위함이다. 설교자가 놓지 않아야 할 것이 있다. 바로 설교자 자신의 성장이다. 누구나 성장을 통해 살아간다. 설교자 역시 글의 성장을 통해 살아간다.

김난도 교수가 한 강연장에서 청년들에게 질문했다.

"여러분은 언제 행복하십니까?"

청년들은 어떤 말을 해야 할지 주저했다. 그러자 김난도 교수가 다음과 같이 말했다.

"성장할 때입니다."

우리는 날마다 성장해야 한다. 성장할 때 행복하기 때문이다.

코로나-19의 영향으로 우리나라를 포함한 전 세계의 경제가 쇠퇴하고 있다. 한국경제연구원은 2020년 7월 12일 '경제 동향 전망 보고서'를 통해 우리나라 경제 성장률을 국내총생산GDP 기준 -2.3퍼센트로 전망했다. 여기에 그치지 않는다. 고용 충격으로 청년 실업률은 더욱 심각하다. 2020년 7월 15일 발표에 따르면, 청년 실업률은 두 달 연속 10퍼센트를 기록했다. 6월 기준으로 통계 작성이 시작된 1999년 6월 이후 사상 최고치다. 현재 청년 실업률은 9퍼센트로 21년 만에 최고치다. 성장하지 않으니 미래가 암울하다. 많은 청년이 앞으로 어떻게 살아가야 할지 막막해한다.

온 국민의 마음이 힘든 때일수록 설교자는 말씀을 통해 사람들의 마음을 위로하고 도전해야 한다. 그러기 위해 사명감을 가지고 어떤 상황에서든 성장하기 위해 애써야 한다. 특히 설교에서 성장을 이루기 위해 부단히 노력해야 한다. 절망의 시대에 설교로 위로받지 못한다면 교인들은 어디에서 참된 위로와 소망을 얻겠는가?

성장하지 못하면 자기주장만 강해진다

2020년 7월 15일, 인터넷서점 알라딘에서 '글쓰기'를 검색하니 통합 검색의 숫자가 3,069였다. 기독교 인터넷서점 갓피플에서 '글쓰기'를 검색하니 "34개의 상품이 있습니다"라고 뜬다.

이 통계는 그리스도인과 비그리스도인의 글쓰기에 대한 관심과 기대치의 차이를 나타낸다.

이 통계를 통해 유추할 수 있는 것이 또 있다. 설교자들은 글을 잘 써야 할 필요성을 느끼지 않는다는 것이다. 글을 잘 쓰는 것, 인문학적 소양을 쌓는 것에 대해 냉소적인 설교자들이 많다. 그들은 오직 성경 해석에만 집중한다. 글을 잘 쓰는 것은 글 장난에 불과하다고 생각하는 경우도 많다. 성경 해석이 아닌 설교에는 내용이 없다고 생각한다.

한국 영화 "국가부도의 날"2018에서 청와대 경제수석과 경제부 관리들이 국가의 부도 위기를 대처하는 모습을 본 주인공 윤정학유아인 분은 냉소적인 어투로 이렇게 말한다.

"무능하거나, 무지하거나!"

글쓰기에 관심이 없는 것은 글쓰기에 대한 무지 때문이다. 독서를 하면서 가장 많이 깨달은 것이 '내가 무지하다'는 사실이다. 독서를 하기 전에는 무지하다는 생각을 한 번도 한 적이 없다. 하지만 이제는 나의 무지함을 분명하게 고백한다.

경제학자 존 케네스 갤브레이스John Kenneth Galbraith는 "세상에는 '모르는 사람'과 '모르는 것을 모르는' 두 부류의 사람이 있다"고 했다.

무지한 사람의 특징 중 하나가 자기주장만 강하다는 것이다. "책을 한 권만 읽은 사람이 가장 무섭다"는 말이 있다. 한 권만 읽고 세상이 어떻다고 결론 내리기 때문이다. 글쓰기도 마찬가지다. 나는 글쓰기를 하면 할수록 글쓰기의 중요성을 절감한다. 글쓰기를 하기 전 나는 글쓰기 무용론을 펼치던 사람 중 한 명이었다.

설교자는 자기주장만 강해서는 안 된다. 다양한 사람들을 대상으로 설교하기 때문이다. 그러므로 다양한 사람들의 생각을 받아들이며 그들에게 하나님의 말씀으로 바르게 살아갈 길을 제시해야 한다.

성장, 글쓰기가 좌우한다

철학자 하이데거Heidegger는 "언어는 존재의 집이다"라고 말했다. 사람이 존재하는 데 언어가 반드시 필요하다는 뜻이다. 언어의 중심에 말하기와 쓰기가 있다. 말하기는 태어나면 저절로 습득한다. 하지만 글쓰기는 배워야 할 수 있다.

설교자는 글쓰기를 배워야 한다. 글쓰기를 배우면 언어 표현을 좀 더 잘하게 된다. 남다른 사고력과 낯선 개념을 사용해 들리는 설교를 할 수 있다.

언어를 자유자재로 표현하려면 지적 능력을 키워야 한다. 또한 글을 잘 쓰고 싶으면 일단 글을 써야 한다. 다른 방법은 없다. 글쓰기 능력은 글을 통해서만 성장하기 때문이다.

나는 수업 시간에 아트설교연구원 회원들에게 종종 묻는다. "성장하고 있습니까?"

그러면 이구동성으로 "잘 모르겠다"라고 대답한다. 소수만이 성장하고 있다고 자신 있게 말한다. 나는 이렇게 말해 준다.

"책을 읽고 글을 쓰십시오. 그러면 엄청나게 성장합니다."

글쓰기는 학문 과정의 마침표이다. 글쓰기가 마침표라는 것은 글쓰기가 정점에 있다는 뜻이다. 설교자는 날마다 조금 더 성장하기 위해 끊임없이 글쓰기를 연습해야 한다.

어려워야 성장한다

아트설교연구원의 수업은 오전 10시부터 오후 5시까지 진행된다. 첫 시간은 독서 토론을 하고 그 다음 시간부터 글쓰기를 한다. 책을 먼저 접한 다음 글을 쓸 때 글쓰기의 시작이 훨씬 수월하기 때문이다. 오후 3시쯤 되면 회원들은 더 이상 글쓰기가 힘들다고 말한다. 머리에 쥐가 나는 것 같다고 하기도 한다. 글쓰기는 온 정신을 집중해야 하는 작업이라 그렇다.

머리에 쥐가 나도 쓰도록 격려한다. 그 고통을 이겨 내고 글을 쓰면 괄목할 만한 성장을 이루기 때문이다.

나는 설교자와 청중을 가장 많이 성장시키는 것이 글쓰기라고 확신한다. 그 이유는 어렵기 때문이다. 공부를 하면서 깨달은 것이 있다. 어렵고 힘든 것이 가장 큰 도움이 된다는 사실이다. 글쓰기는 설교자에게 가장 어렵고 힘든 과정이기 때문에 설교자를 가장 크게 성장시킨다.

인격, 영성, 지성 등 설교자가 성장할 부분은 많다. 이런 면에서 성장을 이루려면 글쓰기가 반드시 필요하다.

한국 교회의 경쟁 상대는 이단이 아니다. 세상 문화이다. 이런 의미에서 설교자는 세상의 작가보다 글을 잘 쓰기 위해 노력에 노력을 기울여야 한다.

글쓰기가 리더를 증명한다

글쓰기는 그가 리더임을 증명한다. 미국의 영화배우이자 영화

감독인 안젤리나 졸리Angelina Jolie는 이런 말을 남기고 영화계를 떠났다.

"더 이상 보여 줄 게 없다."

그는 영화계를 떠난 뒤 무엇을 했을까? 뉴욕 대학에서 글쓰기 수업을 들었다고 한다. 놀랍지 않은가? 안젤리나 졸리는 글쓰기 수업을 듣지 않아도 상관없을 정도로 많은 것을 이루었다. 하지만 영화계에서 리더다운 리더가 되기 위해 글쓰기를 배웠다. 즉 영화배우에 머물지 않고 영화계 지도자로서의 면모를 갖추고 싶었던 것은 아닐까?

요즘 자주 회자되는 말이 있다.

"SNS 시대에는 글을 잘 쓰는 사람이 리더이다."

리더가 무엇을 해야 하는지 제대로 보여 주는 말이다. 설교자는 교회의 리더이자 사회의 리더이다. 그렇다면 글을 쓸 수 있어야 한다. 글을 통해 리더다운 면모를 보여 주어야 한다.

책 쓰기 코치인 송숙희 작가는 자신의 책『진정한 리더는 직접 쓰고 직접 말한다』대림북스, 2016에서 "리더가 되려면 지금 당장 글쓰기를 배워야 한다"라고 주장하면서 그 근거로 일곱 가지 이유를 제시한다.

① 글쓰기는 기업과 임직원의 운명을 좌우하는 생존 수단이다.

② 글쓰기는 퍼스널 파워를 어필하기 위한 수단이다.

③ 글쓰기는 오피니언 리더십을 발휘하는 수단이다.

④ 글쓰기는 해당 분야 최고의 전문가로 포지셔닝하는 자기 연출 방법이다.

⑤ 글쓰기는 밉지 않게 셀프 마케팅 하는 수단이다.

⑥ 글쓰기는 노블레스 오블리주의 실행 수단이다.

⑦ 글쓰기는 자기 계발에 필요한 모든 것을 가능하게 한다.

이 일곱 가지 모두를 설교자에게 적용할 수 있다. 설교자는 글로 자신이 리더임을 증명해야 한다.

4
글쓰기는 강단을
기대감으로 채운다

설교에 대한 기대감을 갖게 하라

정신과 의사인 빅터 프랭클Viktor Frankl은 그의 책『죽음의 수용소
에서』청아출판사, 2005에서 성공을 잊어버리고 살라고 조언한다. 그
러면서 도리어 성공이 찾아오도록 하라고 말한다.

성공을 목표로 삼지 마라. 성공에 초점을 맞추면 맞출수록 그것
에서 더욱 더 멀어진다. 성공이나 행복은 의도적으로 찾을 수 있
는 것이 아니라 자연스럽게 찾아오는 것이다. 그것에 무관심함
으로써 그것이 저절로 찾아오도록 해야 한다. 나는 당신이 내면

의 소리에 귀 기울이고 그것이 원하는 대로 확실하게 행동할 것을 권유한다. 그러면 언젠가는, 정말 언젠가는 성공이 찾아오는 모습을 보게 될 것이다. 왜냐하면 당신이 성공에 대해 생각하는 것을 까맣게 잊어버리고 있었기 때문이다.

세상의 것들은 대개 사람이 원하면 다가오지 않고 오히려 멀리 도망가는 속성이 있다. 그리스도인은 성공을 꿈꾸기보다는 하나님에 대한 기대감으로 살아야 한다.

설교자는 설교를 통해 청중에게 설교에 대한 기대감을 주어야 한다. 청중이 기대하며 듣고자 하는 설교를 하는 설교자는 행복하다고 할 수 있다.

토마스 G.롱은 자신의 책 『증언 설교』에서 이런 말을 했다.

"좋은 설교란 청중의 기대감을 일으키는 것이다."

청중이 기대하는 설교는 좋은 설교이다. 사실 좋은 설교, 나쁜 설교란 없다. 단지 기대감을 갖게 하는 것만이 기준이라고 그는 말한다.

좋은 설교란 들리는 설교라고 생각한다. 진리를 선포했는데 청중에게 들리지 않아 딴 생각을 하게 한다면 이는 좋은 설교가 아니다.

설교가 들려야 하는 이유는, 설교는 기능적으로 '커뮤니케

이션'이기 때문이다. 들리는 설교를 하기 위해서는 설교자에게 두 가지 요건이 필요하다. 하나는 전달력이고, 다른 하나는 글쓰기다. 설교자는 스피치가 좋아야 한다. 그리고 그보다 먼저, 글이 좋아야 한다.

하나님이 기대하시는 설교 글을 쓰라

청중에게는 좋은 설교에 대한 기대감이 있다. 뿐만 아니라 하나님도 설교에 기대감을 갖고 계신다. 그러므로 설교자에게는 청중뿐 아니라 하나님의 기대감을 충족시켜 드릴 의무가 있다.

하나님이 기대하시는 설교는 완벽한 설교가 아니라 정성을 다해 준비한 설교이다. 정성을 다한 설교란 설교를 대하는 자세, 설교 본문에 대한 묵상, 설교 글 작성, 설교를 위한 기도 등 모든 과정에 마음을 담아 준비한 설교이다.

하나님이 기대하시는 설교를 하려면 하나님이 기대하시는 설교자가 되어야 한다. 그러기 위해서는 먼저 기도하는 설교자가 되어야 한다. 기도의 사람 E. M. 바운즈Edward McKendree Bounds는 이런 말을 했다.

"죽이는 설교는 기도가 없는 설교이다."

설교자는 기도하는 사람이어야 한다.

다음으로 모든 면에서 설교에 정성과 최선을 다해야 한다. 그렇기 때문에 설교자는 바쁘면 안 된다. 설교 준비에만 바빠야 한다. 목회를 하다 보면 이런저런 일이 많지만 설교자의 삶이 분주하면 설교에 집중할 수 없다. 그러면 설교 준비가 덜 된 상태에서 강단에 올라가게 된다.

절실한 마음으로 기도하면서 설교 준비에 최선과 정성을 쏟을 때 하나님은 그의 설교를 기뻐하며 기대하실 것이다.

글이 좋으면 기대감이 생긴다

설교자는 문장력이 좋아야 한다. 아트설교연구원 회원들의 글을 읽다 보면 개인의 문장력에 따라 글이 좋아 보이기도 하고 그렇지 않기도 하다.

문장력이 좋지 않은 글의 특징이 있다. 글이 어렵다. 신학자가 쓴 글의 특징 중 하나가 어렵다는 것이다. 어떤 설교자는 내용이 어려워서 여러 번 읽어야 하는 글을 좋아하기도 한다. 나는 그렇지 않다. 쉬운 글이 좋다. 지금은 가독성이 중요한 시대이다. 가독성이 좋은 글은 쉬운 글이다.

설교는 쉬워야 한다. 쉬워야 청중이 이해하기 쉽고 설교에 집중하기 쉽다. 그러므로 설교자는 쉬운 문장을 쓸 줄 알아야 한다.

문장력이 좋은 글에는 명문장이 많다. 정의를 내린 글이 많다. 사람들은 명언에 끌린다. 영화를 보거나 드라마를 시청할 때도 명언이 있으면 기억하고 싶어진다. 아니 저절로 기억이 된다. 결국 청중의 마음을 빼앗는 좋은 문장을 쓸 수 있어야 한다. 이런 설교자가 설교를 하면 청중이 기대감을 갖는 것은 당연하다.

설교자는 문학적인 재능을 키워야 한다. 성경 해석 능력만큼 중요한 것이 글을 쓰는 재능이다. 나의 책『설교는 인문학이다』의 출간 소식을 SNS에 알리자 어떤 목사가 가장 먼저 댓글을 달았다.

"설교를 인문학이라고 하기보다 그냥 문학이라고 말하면 어떨는지요?"

책의 제목을 "설교는 인문학이다"라고 폭넓게 잡은 것뿐이지 사실 글이라는 측면에서 보면 설교는 문학이다.

글은 문학이다. 그러므로 설교는 문학이다. 문학적인 은사가 없으면 설교자가 아니라 행정가나 전도자가 되어야 한다.

설교가 문학이라는 말은 설교자는 문학가만큼 독자들의 마음을 빼앗을 수 있는 글을 써야 한다는 말이다. 어떤 분이『설교는 인문학이다』를 평가하면서 '문장이 보석'이라는 말을 써 주었다. 보석 같은 문장을 접하면 사람들은 그 문장과 하나가 되고 싶어 한다. 설교자가 설교에서 보석 같은 문장을 쓴다면 교인들은 매주 설교에 대한 기대감으로 교회에 발걸음을 옮길 것이다.

청중은 작가 수준의 설교자를 원한다

비아토르 출판사의 홈페이지에서 다음과 같은 글을 보았다. 프레드릭 비크너_{Frederick Buechner}가 쓴 『진리를 말하다』_{비아토르, 2018}라는 책에 관한 내용이다.

> 우리 시대의 능력 있는 설교는 대개 시인, 희곡작가, 소설가들이 하는 설교라고 말할 수 있다. 그리고 여기에는 강력한 논거가 있다. 이들은 세상에 하나님이 부재하시는 것에 대해, 안팎에서 몰아치는 그 부재의 폭풍우, 감당할 수 없고 살아 낼 만하지 않기에 그 중심에 있는 눈을 바라보게 만드는 폭풍우에 대해 무서우리만치 정직하게 말한다는 면에서 다른 이들보다 탁월하다.

비아토르 출판사는 보도 자료에서 이 책을 다음과 같이 소개한다.

얼마나 많은 독자가, 아니 목회자와 설교자가 "우리 시대의 시인, 희곡작가, 소설가들이 능력 있는 설교자"라는 말에 동의할까? 삶에서 문득 경험하게 되는 '신의 부재'를 맹목적 확신으로 급하게 덮어 버리지 않고 그 맥락과 의미와 핵심을 헤아릴 수 있도록 그들이 돕는다는 말에 진정 공감할 수 있을까? 나와 아무 상관없는 이야기로 흘러듣지 않을까?

설교자에게는 설교 글을 작가 수준으로 쓸 책임이 있다. 실제로 청중은 설교자의 설교가 세상에서 흔히 접하는 작가 수준이길 원한다. 그들은 작가의 글을 읽으며 평생을 살아왔다. 여전히 작가의 글을 통해 교양을 쌓는다. 그러니 존경하는 설교자가 작가 수준의 글로 만든 설교를 듣길 기대하는 것은 당연하다.

5
좋은 글은
교회와 세상의 희망이다

설교 글은 스스로 쓴 것이어야 한다

많은 설교자가 영성을 이야기하고, 성령의 능력을 강조하며, 말씀의 권능을 말한다. 하지만 사정을 들여다보면 자신이 쓰지 않은 글로 설교하는 설교자가 꽤 된다. 누가 써 주었거나 누군가의 글을 베껴서 만든 글인 경우가 많다. 이렇게 자기 글로 설교를 작성하지 않으면서 성령의 역사, 말씀의 권능을 운운해서는 안 된다.

최근에도 설교를 표절하여 문제가 생겼다는 교회의 이야기를 들었다. 이런 이야기를 심심치 않게 듣는다. 설교자는 설교 글을 스스로 쓸 줄 모르면서 죄에 대해 함부로 이야기하는 것을 조심해야 한다.

출간을 준비하다 보면 많은 이야기를 듣는다. "대형 교회 설교자들이 출간하는 책에는 자기 글이 50퍼센트밖에 되지 않는다"라는 말도 그 중 하나이다.

책은 저자가 주로 쓰지만 출판사 편집자의 도움을 받는다. 그런데 편집자가 거의 새로 쓰다시피 하는 책이 있다고 한다. 저자가 80퍼센트를 쓰고, 출판사에서 20퍼센트를 쓰는 것은 허용할 수 있다. 하지만 그 반대라면 문제가 있다. 설교도 마찬가지다. 자신이 쓴 설교 글이 80퍼센트는 되어야 한다.

나도 출간하면서 출판사의 도움을 받는다. 하지만 원고를 쓸 때 반 이상이나 도움을 받는다면 책을 낼 이유가 없다고 생각한다. 마찬가지로 자신이 쓴 설교 글이 아니라면 설교하는 것에 대해 고민해야 한다. 자기가 쓰지 않은 글로 설교한다면 하나님의 영광을 가릴 뿐이기 때문이다.

글이 목회를 한다

내가 종종 듣는 말이 있다.

"목사님은 글을 잘 써서 목회도 잘 할 것 같습니다."

"글을 잘 쓸 줄 아니 큰 교회에서 목회하면 좋겠습니다."

설교는 글만 잘 쓴다고 되는 것 아니다. 그럴지라도 글을 잘 쓰면 좋다. 글에 따라 교인들이 설교에 다르게 반응하는 것은 분명하다.

아트설교연구원 회원들에게서 가장 많이 듣는 말이 있다.

"교인들이 설교를 듣고 웁니다."

"설교에서 은혜를 받은 후 감사하다는 연락을 받습니다."

"앞으로 우리 교회를 하나님이 사용하실 것을 확신합니다."

어떤 회원들은 이런 말도 한다.

"지적인 교인들은 내용은 물론 글까지 좋아야 설교에 은혜를 받습니다."

"여성 교인들은 명문장에 더욱 예민합니다."

글이 중요하다. 나의 경험으로는 사람이 일하는 것보다 글이 일하는 파급 효과가 더 컸다. 독자가 글을 읽고 도움을 받았다고 메일을 보내고, 전화하고, 만나자고 한다. 강의를 요청하기도 한다. 책이라는 매개체가 없던 때는 '나'라는 사람에게 먼저 손 내밀면서 만남이나 도움을 요청하는 경우가 거의 없었다.

글이 일한다. 설교 글이 일한다. 글이 교인들의 마음을 파고든다. 교인들의 삶을 뒤흔들어 놓는다.

글이 교회를 세운다

글이 일하고 글이 교회를 세운다. 부흥이 어려운 시대이다. 교회가 퇴보하는 시대이다. 코로나-19 이후로는 교회가 더욱 어려워질 것이다.

작은 교회가 교인들이 10퍼센트밖에 출석하지 않아 더 작은 공간으로 옮기기 시작했다. 등록 교인의 20-30퍼센트밖에 예배에 나오지 않는 교회가 많다. 그 결과 재정 압박으로 교회의 운영 자체가 불가능해지고 있다. 어떤 목사가 교인에게 교회 출석을 권했더니 목사님이 자신의 가정을 책임질 것이냐고 항변했다고 한다. 아트설교연구원 회원 중 부목사들은 교회 사역이 중단될지도 모른다는 고민에 빠져 있다. 교육 파트 전도사들은 자기 부서의 출석률이 저조해 다른 부서와 통폐합되어 사역을 지속할 수 있을지 고민이라고 한다.

이럴 때일수록 설교자들은 설교에 집중해야 한다. 설교 글을 잘 쓰기 위해 남다른 노력을 기울여야 한다.

글이 교회를 세운다. 글이 교회 성장에 한몫을 한다. 대부분의 설교자는 알고 있다. 설교를 잘 한다고 평가받는 설교자들은 한결같이 글을 잘 쓴다. 비교 우위적으로 잘 쓰든, 탁월하게 잘 쓰든 글을 잘 쓴다.

많은 회원이 설교 글쓰기를 배운 후 교회가 성장했다고 이야기한다. 먼저 교회의 영적 기상도가 흐림에서 맑음으로 변한다. 주일 예배 분위기가 바뀐다. 한동안 보이지 않던 교인이 다시 교회에 나오기 시작한다. 최근에 한 회원의 교회를 방문했더니 교인 3명이 새신자로 등록했다고 했다. 그는 코로나-19 이후에 처음 있는 일이라며 좋아했다.

글을 쓰기 전과 글을 쓴 후에는 설교자에게 많은 변화가 일어난다. 설교자의 변화는 교회의 변화로 이어진다. 그리고 교회가 변하면 주변이 변한다. 움직임이 없던 교회가 움직이기 시작한다. 사람의 힘으로 세워지지 않던 교회를 글이 세워 나가는 것이다.

글이 한국 교회의 미래를 결정한다

세상과 교회의 격차가 점점 커지고 있다. 그 가운데 가장 큰 격차가 주관적인 견해이지만, 글이라고 생각한다.

세상의 책과 신학 책은 글에서 현격한 차이가 난다. 글의 내용에 차이가 있다기보다 표현의 차이다. 나아가 청중과 소통할 수 있는 글과 소통이 잘 안 되는 글의 차이다. 쓴다고 다 같은 글이 아니다. 격조가 있는 글, 마음을 끌어당기는 글, 설명과 논증이 타당한 글이 좋은 글이다. 청중과 소통하는 글이 좋은 글이다. 설교자는 이런 글을 쓸 수 있어야 한다.

설교 글의 가장 큰 약점은 논리다. 책의 글들은 서론, 본론, 결론이 명확하다. 하지만 설교는 서론, 본론, 결론이 명확하지 않다.

나는 확신한다. 교회의 미래는 글이 결정할 것이다. 그렇기 때문에 글을 쓸 줄 아는 설교자인가, 그렇지 않은가는 매우 중요한 문제이다. 그 글이 사람들에게 감동을 주어 하나님께로 나오게 하는 통로가 되기 때문이다.

글이 교회의 부흥을 결정한다

한국 교회에서는 목사의 역할이 두드러지게 중요하다. 그 중에서도 설교의 힘이 매우 크다. 설교가 교회 부흥의 열쇠를 쥐고 있다고 해도 과언이 아니다.

아트설교연구원에서 회원들이 대화를 나누던 중 있었던 일이다. 내가 한 40대 목사를 소개하며 청빙 받아서 교회 사역을 하고 있다고 했더니 60대 중반의 다른 한 목사가 "목사님이 설교를 잘 하시는가 봅니다"라고 말했다. 그러면서 자신의 오랜 목회 경험에 비추어 볼 때 설교를 잘 하는 목사가 청빙을 잘 받고 목회도 잘 한다고 덧붙였다.

글이 설교를 결정한다. 나아가 글이 그 교회가 어떤 교회인가를 결정한다. 그렇다면 교회 부흥의 열쇠도 글이 쥐고 있다고 해도 과언이 아니다.

사람이 모이는 교회와 사람들에게 외면 받는 교회는 글에 의해 결정된다. 교회의 부흥에서 설교는 결정적인 역할을 한다. 설교가 들리지 않는데 부흥한 교회는 거의 없다. 그렇다면 글을 쓸 줄 아는 사람이 설교자로 서야 한다.

아트설교연구원을 섬기면서 나는 이렇게 확신한다.

"설교 글이 교회의 앞길을 결정한다."

"설교 글이 그 교회 영성의 바로미터이다."

결국, 설교는 글이다. 글이 목회이다. 글은 교회 부흥에 큰 역할을 한다. 설교자들이 진심으로 하나님과 교회를 사랑한다면 성경을 연구하고 기도하는 만큼 설교 글쓰기를 위해 노력해야 한다.

"글을 빨리 깨쳐라."

어릴 적 어른들에게 자주 듣던 말이다. 글을 깨쳐야 초등학교에 입학할 수 있었기 때문이다. 여기서 '글을 깨친다'라는 것은 글을 읽을 줄 안다는 뜻이다.

요즘 시대에는 "글을 깨쳤는가?"라는 질문이 아이가 아니라 어른에게 해당된다. 어른들을 모독하려는 말이 아니다. 여기서 '글을 깨쳤는가?'는 '글을 쓸 줄 아는가?'를 묻는 것이다.

아이들은 글을 깨쳐서 읽을 줄 알아야 한다. 어른들은 글을 쓸 줄 알아야 한다. 글을 쓰는 방법은 아주 쉽다. 그냥 쓰면 된다. 어른이라면 누구나 글을 쓸 줄 안다. 그런데 쓴다는 것이 무엇을 의미하는가? 자기 생각을 논리적으로 설득할 수 있다는 뜻이다.

설교자도 예외가 아니다. 글을 쓸 줄 알아야 한다. 글을 쓸 줄 알 때 '카피 설교'가 아니라 '내 설교'를 할 수 있다. 많은 설교자가 영감을 받아 설교하려는 경향이 짙다. 하나님은 분명히 영감도 주신다. 하지만 매번 주시지는 않는다. 그런데도 설교자들은 늘 그것에 의존한다. 그 결과 글을 쓸 줄 모르게 되었다.

과거 우리나라는 문맹 퇴치 운동을 했다. 글을 읽을 줄 모르는 국민이 많았기 때문이다. 지금은 문맹의 기준이 새롭게 바뀌었다. 이 시대의 문맹은 글을 쓸 줄 모르는 것이다. 설교자로 치면 자신의 글로 설교를 만들지 못하는 것이다.

모든 설교자는 글을 쓸 줄 안다. 하지만 이것만으로는 안 된다. 온전히 자신이 쓴 글로 설교할 수 있어야 한다.

어릴 때부터 2000년도 전후까지는 부흥회가 참 많았다. 방학이 되면 기도원에 가서 기도하는 것이 우리 가정의 중요한 행사였다. 교회마다 심령 부흥회도 많았다. 이때 설교자에게 자주 듣던 말이 있다.

"오늘 전하는 말씀은 하나님이 영감으로 주셨습니다."

당시에는 이렇게 말하는 설교자가 신령해 보였다. 그런 설교를 하는 사람을 은혜롭고 성스러운 설교자로 우러러보았다.

하지만 이제는 아니다. 이제는 스스로 설교 글을 쓸 줄 아는 설교자, 나아가 자신이 쓴 글로 교인들의 변화를 이끌어 내는 설교자가 신령해 보인다.

구약과 신약의 작가들은 성령의 감동으로 성경을 썼다. 지금 시대의 설교자도 성령의 감동으로 글을 써야 한다.

전북대학교 신문방송학과 강준만 교수는 그의 책 『글쓰기가 뭐라고』에서 "불현듯 떠오르는 영감이 있다는 건 부인할 수 없지만, 일반적으로 이건 좀 부풀려진 신화에 가깝다"라고 말했다.

글을 영감으로만 쓰면 안 된다. 설교 글은 자신의 역량을 십분 발휘해서 써야 한다.

여기서 그치면 안 된다. 글은 잘 읽혀야 한다. 설교는 잘 들려야 한다. 잘 읽히는 글, 잘 들리는 설교를 위해서는 쉽게 써야 한다.

유튜브 시대에 수많은 사람이 영상을 즐겨 본다. 영상이 글보다 쉽게 다가갈 수 있기 때문이다. 책 『코로나 사피엔스』[최재천 외, 2020]에 따르면, 우리나라 국민 천 명에게 저녁 7시에 어떤 매체를 보는지 설문조사를 했더니 56.7퍼센트가 유튜브를 본다고 답했다.

예수님이 설교에 비유를 사용하신 것은 당시 사람들에게 다가가시기 위해서였다. 그렇다면 이 시대의 설교자 역시 쉬운 글로 교인들에게 다가가야 한다.

쉬운 글은 고객을 위한 배려이다. 앞으로 FANG Facebook, Amazon, Netflix, Google의 지배력이 더욱 강화될 것이라고 한다. 그 중 하나인 아마존은 코로나-19 상황에서도 직원을 10만 명 더 채용할 계획이라고 발표했다. 그 이유 중 하나가 고객에 대한 집중이다. 아마존에는 '14가지 리더십의 원칙'이 있다. 그 중 첫 번째 리더십이 "고객에게 집착하라"이다. 아마존은 계속해서 집요할 정도로 고객에게 집중할 것이다.

설교자가 글을 쓸 줄 알아야 하는 이유는 고객에게 집중하기 위함이다. 설교자들은 하나님에 대한 집중은 아주 잘 한다. 가장 부족한 부분 중 하나가 교인의 필요에 집중하지 못하는 것이다.

『코로나 사피엔스』에서 아주대학교 심리학과 김경일 교수는, 코로나-19 이후에는 고객 행복의 척도가 원트want(필요)가 아니라 라이크like(취향)로 바뀐다고 말한다. 그 이유는 원트에는 만족감이 없고 무한 욕망만이 있기 때문이다. 이제 고객은 내가 정말 좋아하는 라이크라는 행복의 척도를 향해 나아간다는 것이다. 라이크는 만족감을 낳기 때문이다. 이제 고객은 내가 진짜 좋아하는 것에 에너지를 쏟아 행복하게 살 수 있는 길을 만들 것이다.

원트에서 니즈로, 니즈에서 라이크로 변화하는 시대에 설교자 역시 라이크를 통해 만족감을 줄 수 있어야 한다. 그러기 위해서는 다른 사람과 차별화된 만족감을 주는 글을 쓸 수 있어야 한다.

많은 설교자가 이 책에서 소개한 글쓰기 습관들을 통해 스스로 멋진 설교 글을 쓰게 되기를 바란다.

잠실의 어느 카페에서

김도인 목사